D1686993

1

„Die beste Arznei für den Menschen ist der Mensch. Der höchste Grad an Arznei ist die Liebe!"

Paracelsus

Unseren Eltern gewidmet

Was bleibt...

Menschen mit Demenz

Porträts und Geschichten von Betroffenen

Texte **Petra Uhlmann** Fotografien **Michael Uhlmann**

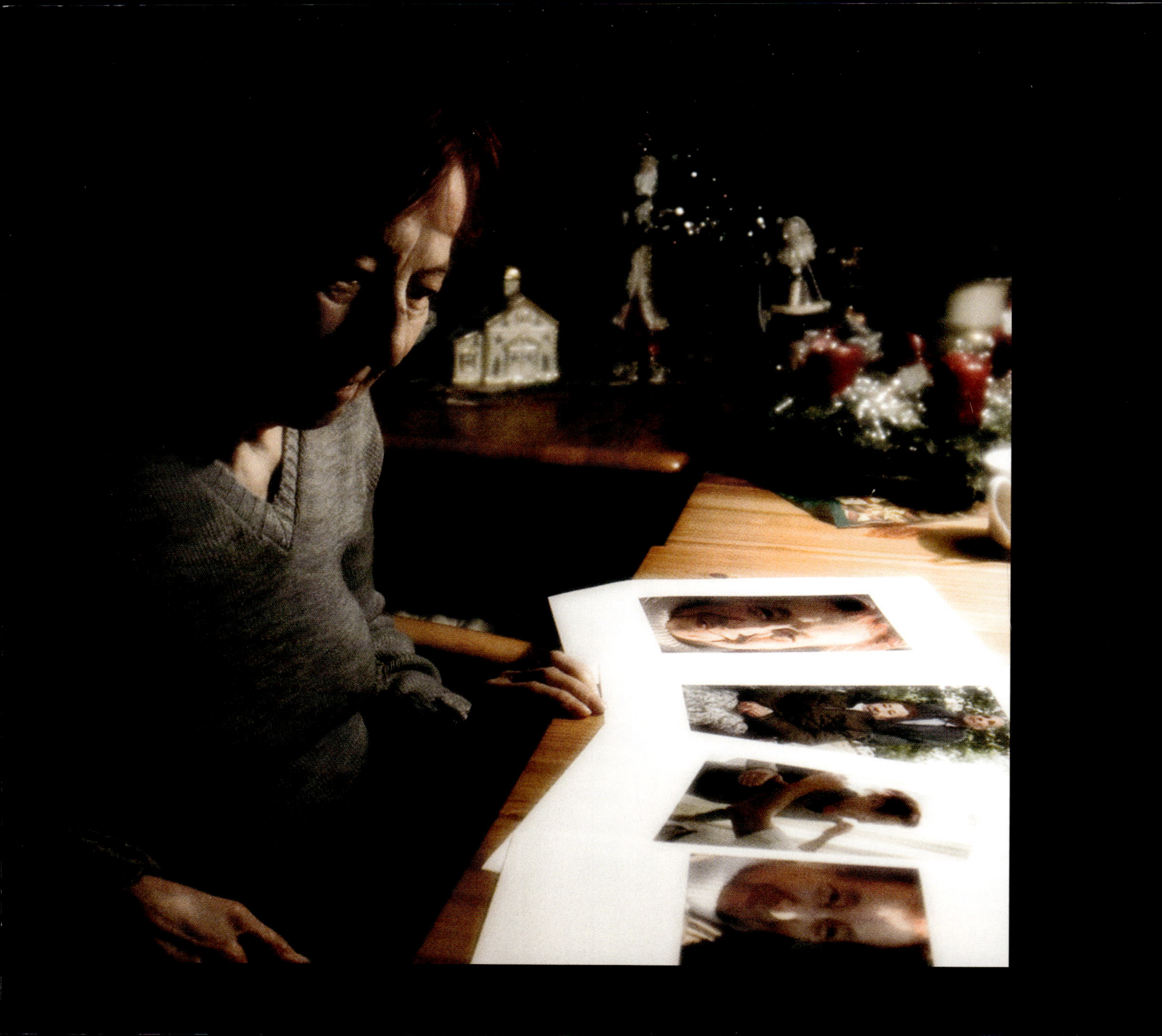

Stimmen zum Buch

„Aus der großen Anzahl der Bücher zum Thema Demenz ragt dieses Buch deutlich heraus. Die Herangehensweise vermittelt ein Bild von Demenz, das nicht an den Defiziten und Verlusten ansetzt, sondern die Abgebildeten als Menschen mit Biografien, mit je individueller Geschichte darstellt.
Dieses Buch ist allen zu empfehlen, die sich mit Menschen mit Demenz befassen, sei es als professionelle oder als nichtprofessionelle Pflegende. Es kann durch seine gelungene Herangehensweise sogar helfen, Ängste vor Demenz abzubauen."

Eva Maria Ulmer, Professorin am Fachbereich Pflege und Gesundheit an der Fachhochschule Frankfurt, und Kirsten Margraf, Pädagogin

„Die Fotos und kurzen Texte zeichnen ein berührendes Bild von dem ‚was bleibt'. Sie sind weniger Zeugnisse einer Erkrankung, sondern vieler Lebensgeschichten."

Pflegezeitschrift

„Der Autorin und dem Fotografen gelingt es, der Leserschaft die einzelnen Schicksale näher zu bringen, ohne auch nur einen Hauch von unangebrachter Neugierde zu verbreiten. Ein Buch, das Mut macht, die Begleitung dementiell veränderter Angehöriger nicht nur als Belastung zu erleben, sondern als Bereicherung für das eigene Leben."

Altenpflege

„Durch die Kombination aus behutsamem Abbilden und Erzählen entsteht ein Bild von Menschen mit Demenz, das nicht Angst macht, sondern die Fragilität der Existenz dieser Menschen deutlich macht."

Heilberufe

„Ein einfühlsamer Beitrag, Empathie für demenzkranke Menschen zu entwickeln. Es kann dazu beitragen, den Angehörigen neben der sorgenden Aufgabe auch den Blick zu öffnen, dass Krankheit keine tabula rasa schafft, sondern dass etwas bleibt.
Angehörigen und Professionellen, die demenzkranke Menschen betreuen und pflegen, könnte das Buch in der schwierigen Aufgabe Anregung und Trost sein."

Socialnet

Impressum

Bibliographische Information der Deutschen Bibliothek
Die Deutsche Bibliothek verzeichnet diese Publikation in der Deutschen Nationalbibliographie;
detaillierte bibliographische Angaben sind im Internet abrufbar unter http://dnb.ddb.de.

© 2007 Mabuse-Verlag GmbH
2. erweiterte und überarbeitete Auflage der von edition uhlensee übernommenen Erstausgabe
Kasseler Str. 1 a
60486 Frankfurt am Main
Tel.: 069/70 79 96-13
Fax: 069/70 41 52
info@mabuse-verlag.de
www.mabuse-verlag.de
Druck: Fuldaer Verlagsanstalt GmbH & Co. KG

Texte: Alle nicht namentlich gekennzeichneten Texte von Petra Uhlmann
Fotografien: Michael Uhlmann
Zeichnungen: Helga von Z. (S. 24), Herr G. (60/61)
Gestaltung, Layout und Bildmontagen: Petra und Michael Uhlmann

ISBN 13: 978-3-938304-62-4
ISBN 10: 3-938304-62-6
Printed in Germany
Alle Rechte vorbehalten

Inhalt

5	STIMMEN ZUM BUCH	31	GESCHICHTEN AUS DEM LEBEN
9	WAS BLEIBT? Was bleibt. Was bleibt! Und kommt.	32	LISA Sie tanzte, bis es Abend ward.
		42	MARIANNE Die Mittlerin
13	VORWORT	50	HERR G. Eine Begegnung im November
		66	GEZEITEN DES LIEBENS Und sie lebten glücklich bis an ihr...
17	PORTRÄTS AUS WOHNGEMEINSCHAFTEN	78	IN ERINNERUNG an das Glück der kleinen Augenblicke
18	FRITZ S. „Ach nee, nich' so viel Gequatsche immer!"	89	BEGEGNUNGEN IN TAGESSTÄTTEN
22	HELGA V. Z. „Ja, ja, oh, das tut gut"	98	DANKSAGUNG
		100	DIE AUSSTELLUNG ZUM BUCH
26	URSULA N. „Ja, Mutti, ich schaffe das schon!"	102	DIE AUTOREN

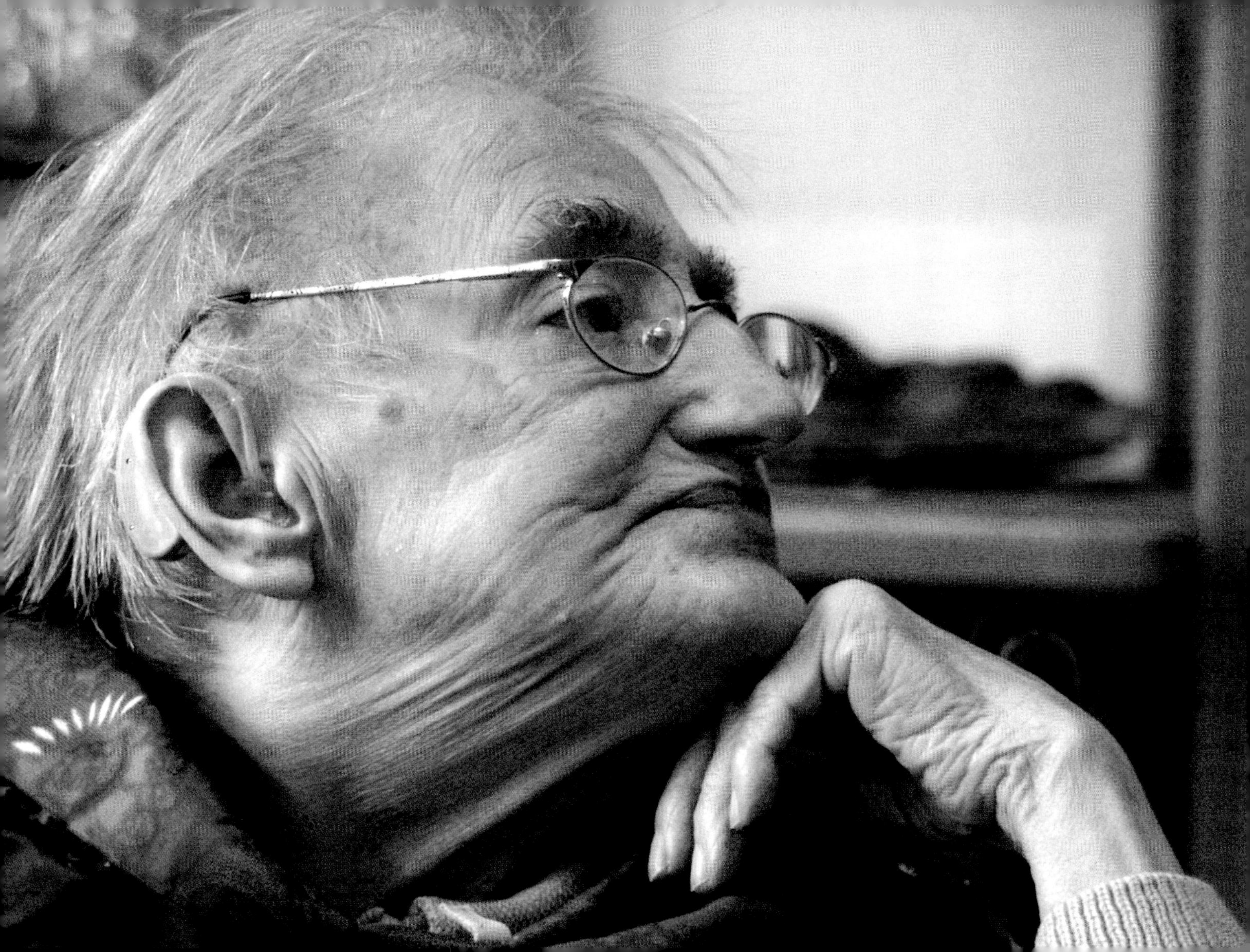

Was bleibt? Was bleibt.
Was bleibt!
Und kommt.

Was bleibt?
Ist diese Frage denn erlaubt? Schließlich sprechen wir doch über Demenzkranke. Und was bleibt da schon! Man schlage ein beliebiges Lehrbuch auf. Viel ist da die Rede von dem, was scheinbar nicht bleibt, sondern verschwindet, verlöscht, sich im Nichts auflöst. Allen voran natürlich der Geist. Demenz: „Ohne Geist". Andere nennen es die kognitiven Fähigkeiten des Menschen und meinen damit das Erinnerungsvermögen und das Gedächtnis, das logische Denken, das rationale Abwägen und Schlussfolgern. Und dann die Selbständigkeit. Immer ausgedünnter wird sie. Irgendwann gibt es auch sie nicht mehr, vollständige Abhängigkeit von anderen tritt an ihre Stelle. Abbau und Verlust schwingen das Zepter. Die Kurve fällt. Auch die Persönlichkeit des Menschen, das, was ihn einmal ausmachte, entschwindet zu unserem Entsetzen.
Was bleibt also? Ein hilfloses, unverständlich vor sich hin brabbelndes Etwas, das zu keinem sinnvollen Handeln mehr fähig ist? Ein bemitleidenswerter Kranker, in einem schwarzen tiefen Verlies der Verzweiflung gefangen und nur durch unsere Versorgung biologisch am Leben gehalten? Demenz – der Tod, der den Körper zurücklässt?

Was bleibt.
Niemand wünscht sich eine Demenz. Aber immer mehr Menschen werden dement. Demenz macht Angst, löst Abwehr aus. Das Bild, das in der Gesellschaft von der Demenz vorherrscht, forciert die Angst. Wenn nur noch Defizite, nur noch Abbau und Auslöschung existieren, wenn also nichts mehr bleibt: Wie sollte man da keine Angst empfinden? Doch ist es wirklich so? Bleibt nichts als Verzweiflung, Leere und Leid?
Wir leben in einer Kultur und in einer Gesellschaft, die in allen Lebensbereichen auf Verstand, auf Kognition, auf Ratio setzt. Doch nicht nur darauf setzen, sondern sie auch in unzulässiger Weise verabsolutieren und zum modernen Gott erhöhen. Wer kognitiv nicht funktioniert, fällt aus dem gesellschaftlichen Konsens heraus. Auch das Personsein wird an Verstandesleistungen festgemacht. Demenz aber bedeutet vor allem Veränderungen und Beeinträchtigungen im kognitiven Bereich. Sie entzieht daher den Betroffenen ihre Legitimation als anerkannter Teil der Vernunftgesellschaft und stellt ihren Status als Person in Frage. Das muss Angst und Abwehr auslösen!
Der Mensch ist jedoch kein einseitig kognitives Wesen. Nur, weil in unserer Gesellschaft der Verstand über alles gesetzt und die anderen den Menschen ausmachenden Elemente wie

Leiblichkeit, Sinnlichkeit, Emotionen, Kreativität und auch Spiritualität geringgeschätzt werden, können wir nicht so tun, als gäbe es sie nicht. Sie werden im ‚normalen' Leben in den Hintergrund gedrängt, verleugnet, in vielen Situationen auch sanktioniert. Doch sie sind da und machen uns zum Menschen.

Was also bleibt bei Menschen mit Demenz, die Einbussen in ihren kognitiven Fähigkeiten erleben? Es bleibt, was genannt wurde: die Leiblichkeit und die Sinnlichkeit, die Emotionen und die Kreativität, auch das Bedürfnis nach spiritueller Selbstvergewisserung. Es bleiben Menschen mit ihren Wünschen und Bedürfnissen nach Anerkennung und Wertschätzung, nach Trost und nach Einbezogensein, nach sinnvoller Betätigung und nach Liebe. Es bleiben Menschen, die eine Würde zu verteidigen haben und die als Person wahr-genommen werden wollen.

Wer nur durch die Brille des herrschenden Defizitmodells der Demenz schaut, wird dies alles nicht erkennen können. Ihm wird verborgen bleiben, über welche Potenziale Menschen mit Demenz verfügen, sich ausdrücken und kommunizieren, Sinnvolles tun und Wohlbefinden erleben. Er wird den Menschen mit Demenz überhaupt nicht erkennen können, sondern nur den Demenzkranken. Einen Kranken, der über seine Krankheit definiert ist. Dem nicht Fähigkeiten, sondern Probleme und Defizite zugeordnet werden. Der seiner Individualität beraubt und in Sicherheit suggerierende Phasenmodelle, Standards und Pflegeroutinen eingezwängt wird.

Wer aber mit einem solchen Blick dem Menschen mit Demenz gegenüber tritt, der enthält ihm (und sich) etwas Wesentliches vor.

Denn: Auch wenn der Mensch mit Demenz über große Fähigkeiten verfügt, sich auszudrücken, zu kommunizieren und sich kreativ zu entfalten, wenn er in der Lage ist, Lebensqualität trotz Demenz und sich selbst als Person zu erfahren, so ist er dies erst einmal potenziell. Zur Realisierung all dessen benötigt er fast immer unsere Unterstützung. Und die beginnt mit dem Blick, der bereit und offen dafür ist, hinter dem defizitbehafteten Demenzkranken und der vermeintlich ausgelöschten Persönlichkeit den Menschen mit Demenz und eine Person mit Fähigkeiten und mit Würde zu erkennen. Erst dann wird es möglich werden, Brücken zwischen den Menschen mit und denen ohne Demenz zu bauen!

Was bleibt!

Was bleibt, ist die Aufgabe, an einer solchen Sichtweise, an einem solchen Blick auf die Demenz und die demenziell veränderten Menschen zu arbeiten. Ein jeder für sich, durch aufmerksames Hinschauen, so auch auf die Fotoportraits in diesem Band, und auch durch das Kennen lernen der mittlerweile doch schon zahlreichen Beispiele guter Praxis der Begleitung und Betreuung. Hier werden Demenzkranke zu Menschen mit Demenz!

In einem förderlichen Milieu, das sich durch einen offenen Blick und eine respektvolle Begegnungskultur auszeichnet, können demenziell veränderte Menschen sich als aktive und wertgeschätzte, mit Würde ausgestattete Personen erfahren. Ist die Aussage wirklich übertrieben, dass wir uns überall dort, wo wir diese Menschen auf geistlose und defizitbehaftete Kranke reduzieren, eines großen Vergehens wider die Menschlichkeit, begangen durch das Vorenthalten von Möglichkeiten, Fähigkeiten zu entfalten und Bedürfnisse zu befriedigen, schlicht hin: Lebensqualität zu erfahren, schuldig machen?

Was kommt.
Wenn wir es lernen, einen neuen, einen anderen Blick auf die Demenz zu werfen und unser Handeln daran auszurichten, dann wird sich eine dringend erforderliche Neue Kultur in der Begleitung von Menschen mit Demenz durchsetzen. Davon werden nicht allein die demenziell veränderten Menschen profitieren. Auch uns wird hier die Chance zur Auseinandersetzung mit wichtigen Fragen in unserem Leben geboten: Wie können wir in einer ratio-fixierten und immer stärker funktional orientierten Welt wieder stärker unsere sinnlichen, körperlichen, kreativen und auch spirituellen Anteile zulassen und entwickeln? Was können uns Menschen mit Demenz mit Blick auf das Leben im Jetzt, die Achtsamkeit für das scheinbar Kleine und Bedeutungslose, die Direktheit und das Unverstelltsein im Austausch mit anderen lehren? Wie wollen wir, dass mit uns umgegangen wird, wenn wir eines Tages nicht mehr optimal funktionieren sollten? Was macht den Menschen als Menschen aus?

Letztendlich weist die Frage nach einer Neuen Kultur in der Begleitung von Menschen mit Demenz über diese hinaus: Sie führt zu einer kritischen Reflexion der allgemeinen Kultur in unserer Gesellschaft.

Das vorliegende Buch kann einen Beitrag zur notwendigen Kulturentwicklung leisten. Denn es zeigt das andere Bild der Demenz. Es fragt nicht, was bleibt, es zeigt, was bleibt:
Es bleiben Menschen und Personen.
Es bleiben Gefühle und Bedürfnisse.
Es bleibt die Würde.

Das Buch macht Mut. Es zeigt uns, was bleiben kann, wenn wir etwas dafür tun!

Peter Wißmann

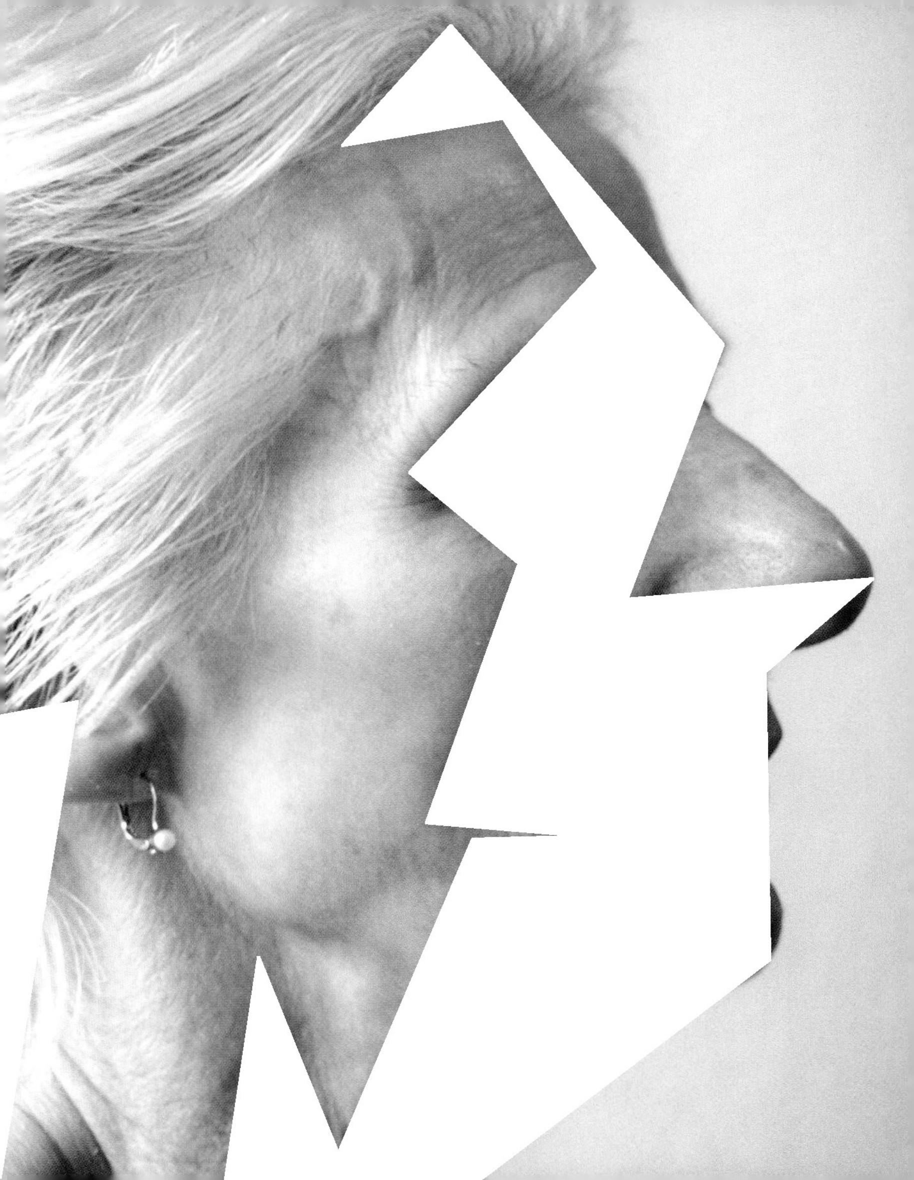

Vorwort

Das Thema „Demenz" beschäftigt mich nun schon seit geraumer Zeit. Es hat mich vereinnahmt und nicht mehr losgelassen - beharrte als kaum faßbares, nur noch schwer zu ignorierendes Phänomen unserer Zeit und Gesellschaft darauf, auch in den Mittelpunkt meiner Aufmerksamkeit gerückt zu werden.

Eine sehr persönliche Betroffenheit - die Erkrankung meiner Eltern - hat mich zusätzlich sensibilisiert. Ich sah mich durch ihre Demenz gezwungen, mich mit deren Verlauf und Ausmaß, mit den langsam dahinschreitenden Abbau- und Veränderungsprozessen zu beschäftigen.

Nachdem meine Mutti nicht mehr in der Lage war, sich selbst zu versorgen, haben wir sie in unsere Familie aufgenommen. Eingebettet in eine große, ihr vertraute Gemeinschaft, wurde sie von uns begleitet und versorgt, so gut es damals ging. Meine Mutti lebte drei Jahre bei uns, bis sie im Alter von 87 Jahren verstarb.

Während dieser Zeit traten viele Fragen des Lebens näher an mich heran. Meine Mutti gab unbewußt Impulse und Anregungen weiter, ließ mich teilhaben an dem, was sich mit ihr so ganz im Stillen nebenher vollzog. Da waren ihre Wünsche, die sie nicht mehr zu artikulieren wußte, ihre Unmittelbarkeit, die uns zu Stellungnahmen zwang. Was sie wollte, wollte sie sofort und unwiderruflich! Und da war ihre Unbedarftheit, die sie wieder Kind werden ließ, oft genug Anlaß zu viel Spaß gab, auch für sie selbst.

Erst Jahre später begann ich, diese Zeit, die Vielzahl an verbliebenen Eindrücken und Erinnerungen, aufzuarbeiten. Wie es der Zufall wollte, trat dieses Thema nochmals an mich heran. Aus dem nun entstandenen Abstand wurde die Idee geboren, zu diesem so sensiblen Thema Geschichten und Fotografien sprechen zu lassen. Wir begaben uns auf die Suche nach Menschen, die an Demenz erkrankten, um zu erfahren, wie verschieden der Einzelne mit der sich vollziehenden Persönlichkeitsveränderung, dem zunehmenden Abbau seiner Fähig- und Fertigkeiten umgeht. Indem wir mit Hilfe der Angehörigen in Biografien von Betroffenen zu blättern begannen, dem „roten Faden" in ihrem Leben folgten, hoben wir sie aus der Anonymität der Masse der Demenzerkrankten heraus. Somit ergab sich die Chance, ihnen in ihrer Einzigartigkeit zu begegnen. Vor uns entblätterte sich eine Geschichte. Sie begann uns anzusprechen, empfindsam zu machen, aufzuschließen. Für Augenblicke konnten wir dieser scheinbar so „allmächtigen" Krankheit die Monströsität, die Spitze nehmen und waren immer wieder überrascht, wie einzigartig jeder Mensch ist und auch bleibt!

Die Vielzahl der entstandenen Fotografien und die dazugehörigen Geschichten haben uns veranlaßt, nun beides in Buchform zusammenzufassen und einer größeren Öffentlichkeit zugänglich zu machen.

Das Thema „Demenz" erhitzt immer mehr die Gemüter, wirft zunehmend existenzielle Fragen auf. Auf der Suche nach Antworten, nach Hilfe, werden wir mit Empfehlungen, Analysen, medizinischem „Kauderwelsch" zugeschüttet. Es ist nicht leicht, sich Klarheiten zu verschaffen, sich nicht im Dschungel einer Vielzahl von Informationen und Literatur zu verlieren, von den „Ausgeburten" emotional geschürter Angst vereinnahmen zu lassen. Ich erinnere mich, daß in den 90er Jahren das Bild, das über diese Erkrankung in die Öffentlichkeit gelangte, noch nicht so klar umrissen, weniger bedrohlich war. Es gab eher unzureichende Informationsmöglichkeiten, kaum Aufklärungs- und Hilfeleistungen, so daß sich das Bild dieser Krankheit nicht so übermächtig aufblähen konnte, Panik und Hysterie zu schüren vermochte. Meinem Vater wurde Mitte der achtziger Jahre noch eine Arterienverkalkung des Gehirns bescheinigt - damit war alles gesagt.

Inzwischen hat sich viel getan. Bedenken wir aber, daß rationale Erklärungsversuche nichts auszurichten vermögen, wenn die Menschen von der Angst getrieben sind. Sie reagieren zutiefst instinktiv, gefühlsgesteuert. Aus diesem Zustand heraus ist es schwierig, den Betroffenen im tagtäglichen Leben Hilfe zu bieten. Es verbleiben Hilflosigkeit und Sprachlosigkeit, auch die Angst, durch die Erkrankung des Angehörigen aus der Normalität zu fallen, das Gesicht zu verlieren. Es wird schwieriger, dem Betroffenen das zu geben, was er versteht, was er braucht: echte Anteilnahme, emotionale und körperliche Nähe.

Während der Betreuung meiner Mutti hätte ich gerne über ihr eigenartiges, mir rätselhaft erscheinendes Verhalten Auskunft bekommen. Hilfreicher wäre jedoch jemand gewesen, der mir Mut gemacht, mir das Licht am Ende des Tunnels gezeigt hätte. Vielleicht wäre ich aber auch durch ein Zuviel an kopflastigen Informationen irritiert gewesen, wäre ihr mit wesentlich mehr Ängstlichkeit, einer größeren Distanz, gar mit Abwehr gegenübergetreten.
Viele Fragen werden dazu aufgeworfen, manche müssen unbeantwortet bleiben.

Seit jeher sind Menschen und ihre Erkrankungen immer auch ein Spiegel ihrer Zeit und der Gesellschaft, in der sie leben. Gleichnishaft vermögen sie uns vieles über Kulturen, über Entwicklungen zu erzählen. In einem System, in dem Information, Verstand, Gesundheit, Jugend, äußere Makellosigkeit über allem stehen, muß die Angst, die mit dem Thema „Demenz" einhergeht, schnell an Boden gewinnen. Randgruppen, Krankheit und Alter werden ausgeblendet. Wo aber bleiben wahrhaftige, zwischenmenschliche Zuwendung und die Frage nach der Akzeptanz, der Würde, auch der erkrankten Persönlichkeit? Gleichzeitig beginnt eine Zeit, in der die Suche nach echten Glaubensinhalten, nach dem, was dem Menschen Halt und Sicherheit vermittelt, nach der Lust, zu sein, sich vorbehaltlos dem Leben zu öffnen, an Aktualität gewinnt. Die Gesellschaft ist aufgefordert, sich zurückzubesinnen, sich den drängenden Fragen zu stellen.

Uns wird der Gedanke, „was bleibt...", wenn es kein Gedächtnis, keine Erinnerung mehr gibt, weiterverfolgen. Gibt es eine Vergangenheit, wo ist sie angesiedelt? Welche Art von Identität führen wir, was ist identitätsstiftend? Woran erinnern wir uns noch nach Jahren, was hat wirklich Bestand, prägt uns nachhaltig? Mit Sicherheit nicht das, was in unseren Schulen vermittelt wird, wie ich jeden Tag erneut an unserem Sohn beobachten kann, wenn er gelangweilt zur Schule trottet. Überforderte, unmotivierte Lehrer versuchen, oberflächliches, zusammenhangloses Wissen zu vermitteln, fragen weder nach eigenen Denkansätzen, noch nach Sinn. Das Woher und Wohin, das Individuelle, das, was dem Sichtbaren zugrunde liegt, sich nicht auf den ersten Blick erschließen läßt, macht vor den Türen unserer Bildungseinrichtungen, unserer Gesellschaft Halt.

Uns verbleibt, unsere Erfahrungen in den Raum zu stellen, sie mit Fragen zu füllen, mit eigenen Gedanken, die tabuisierte Muster sprengen, mit Gefühlen, die uns tief bewegt haben, unser Leben veränderten, uns begleiten werden in unseren schöpferischen Arbeiten.
Getrieben haben uns gerade die traurigen, die schmerzvollen, herzerschütternden Begegnungen und Lebensgeschichten, die Tränen, die Ausdruck langer Leidenswege, schmerzvoller Erfahrung von Einsamkeit sind. Wir sind dem Leben begegnet, der „Leiden-schaf(f)t". Wir haben uns berühren lassen, haben die Fragen, die Schicksalsschläge, die die Gesichter der Menschen zeichneten, wahrgenommen: Warum ich, warum wir? Warum hast du mich verlassen? Wie soll ich weiter leben? Was hat das Leben noch für einen Sinn?
Wie es sich in einem Körper lebt, den die Demenz gezeichnet hat, wissen wir nicht. Mit Sicherheit ganz anders, als wir je zu denken, uns vorzustellen vermögen.

Wir wagen den Versuch, unseren Fokus, unsere Perspektive zu ändern, aus einem ver"rückt"en Betrachtungswinkel den Menschen einzufangen, der uns entrückt ist. Es ist unser Anliegen, ihn in die Sichtbarkeit zu rücken. Uns zu sensibilisieren, uns berührbarer, offener werden zu lassen für mögliche Begegnungen, für eine Lebenssicht aus einer veränderten Perspektive.

Unsere Arbeit ist der Versuch eines Brückenschlages zwischen Menschen mit und ohne Demenz. Wir möchten Sie einladen, uns zu folgen, ihre Herzen zu öffnen, sich hineinzugeben in die Geschichten, sich den sensiblen, fotografischen Porträts zu nähern. Wir möchten Sie animieren, den dementen Menschen in Würde mitleben zu lassen, mit seinen Defiziten, seiner veränderten Persönlichkeit - angstfrei, willkommen, herzlich!

Wir wünschen Ihnen dabei viele inspirierende Begegnungen.

Petra und Michael Uhlmann

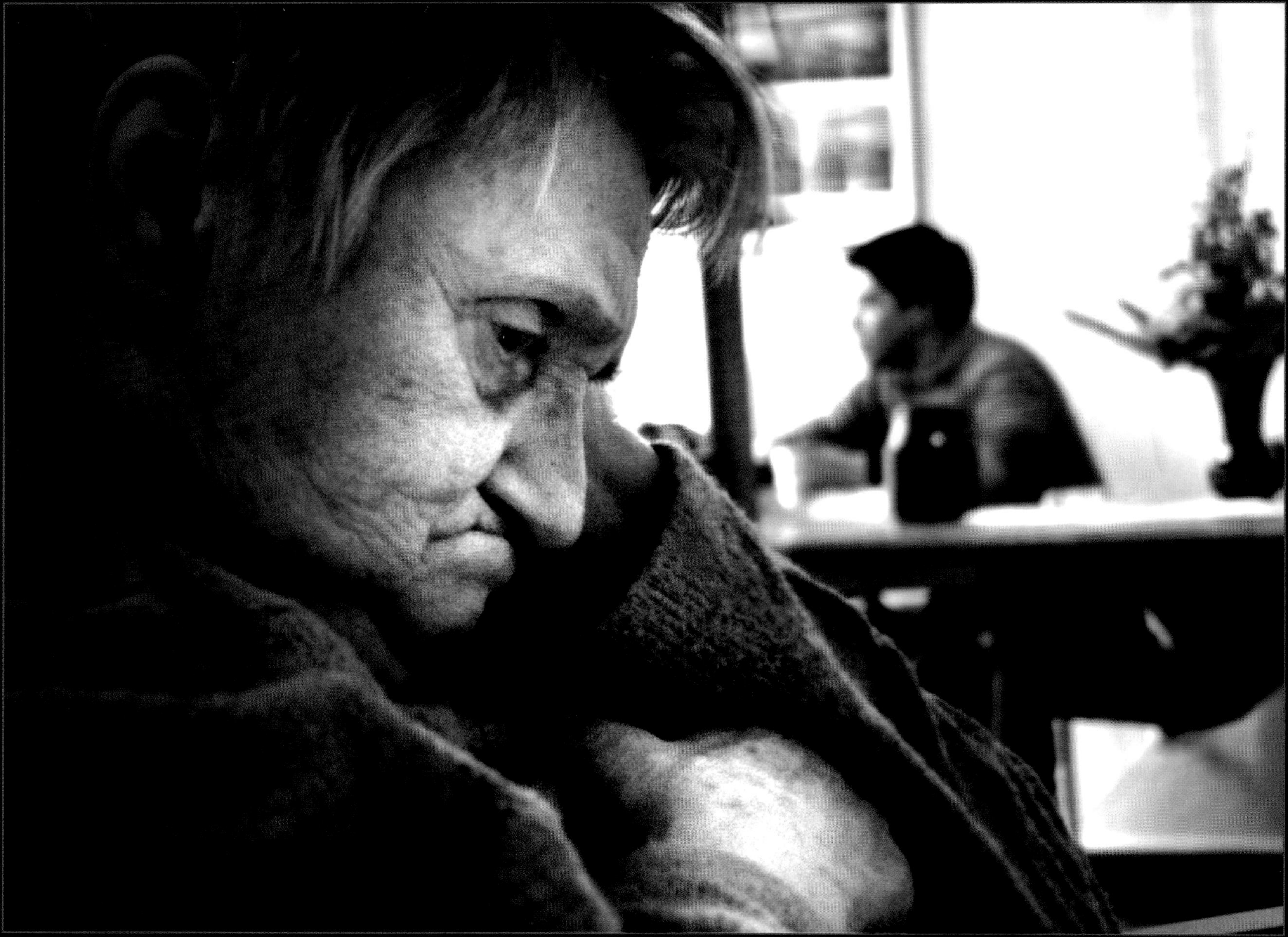

Porträts in Wohngemeinschaften

Fritz S

*"... ach nee,
nich' so viel
Gequatsche im*

Wie seine Kindheit verlief, wer seine Eltern waren, bleibt im Dunkeln. Sich nützlich machen, mit den Händen tätig sein, erfüllte sein Leben, auf dem Bau und später als Fuhrunternehmer.

Fritz war nie verheiratet.
In der Arbeit gesellig, ein Glied in der Kette tätigen Schaffens, war Fritz, wenn er sein Tagwerk geschafft hatte, gern allein, zog sich zurück und genoß den Feierabend bei Bier und Zigarette.

So ist es auch heute noch. Oft kommt er aus seinem Zimmer, um zu schauen, ob er etwas tun kann. Oder er kommt, sein Zigarettchen zu rauchen.
Wenn es unruhig wird, weil das Mittagessen vorbereitet wird oder jemand ihm Fragen stellt, verschwindet er wieder. Keine Unruhe, kein unnötiges Ausgefragt-Werden, sollen sein Alleinsein stören. Nur der heißgeliebten Schokolade und dem unvermeidlichen „Zigarettchen" gewährt er Zugang.

Fritz wurde am 24. August 1922 geboren.
Er lebt seit 2003 in einer Wohngemeinschaft für Menschen mit Demenz.

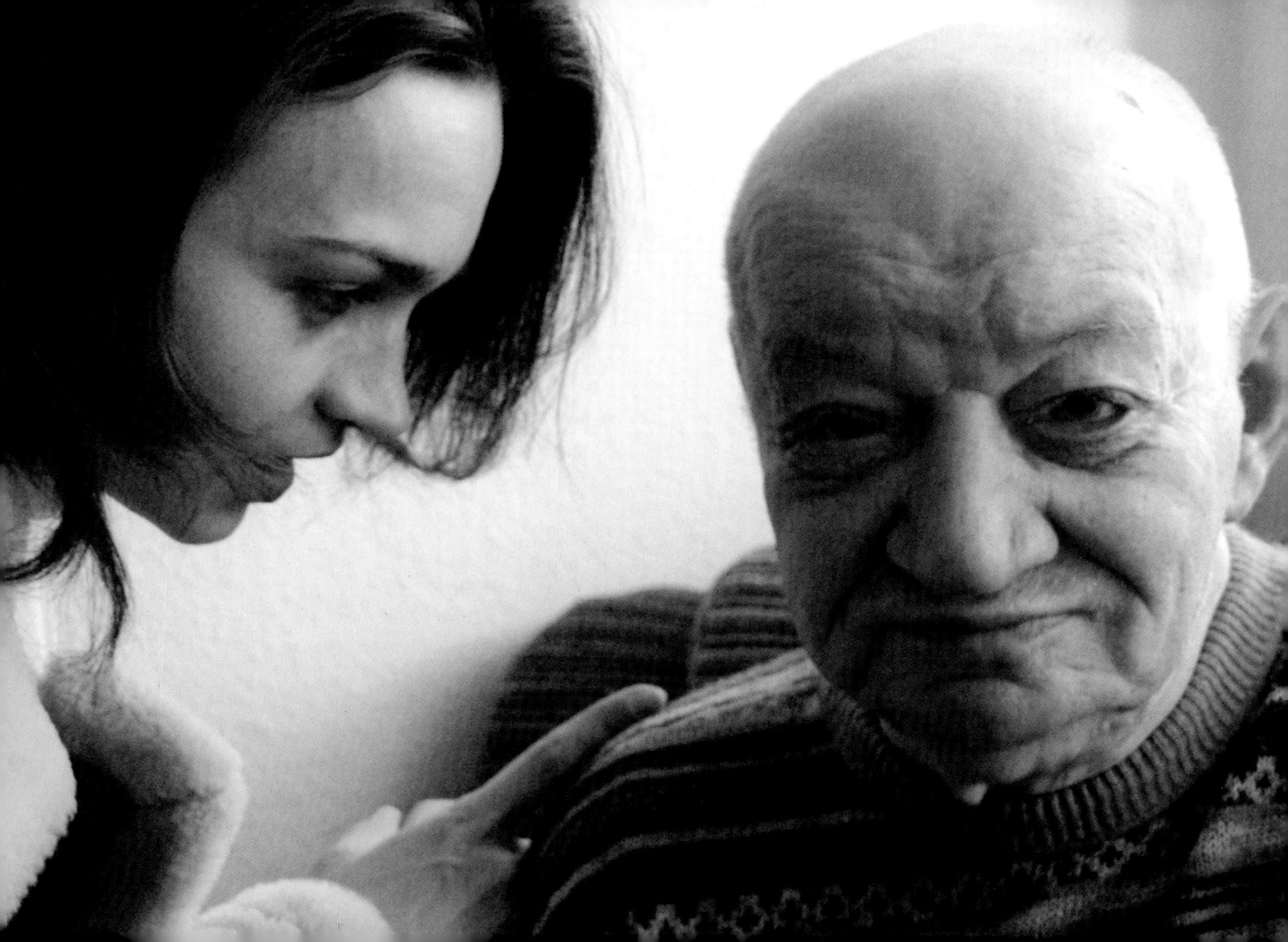

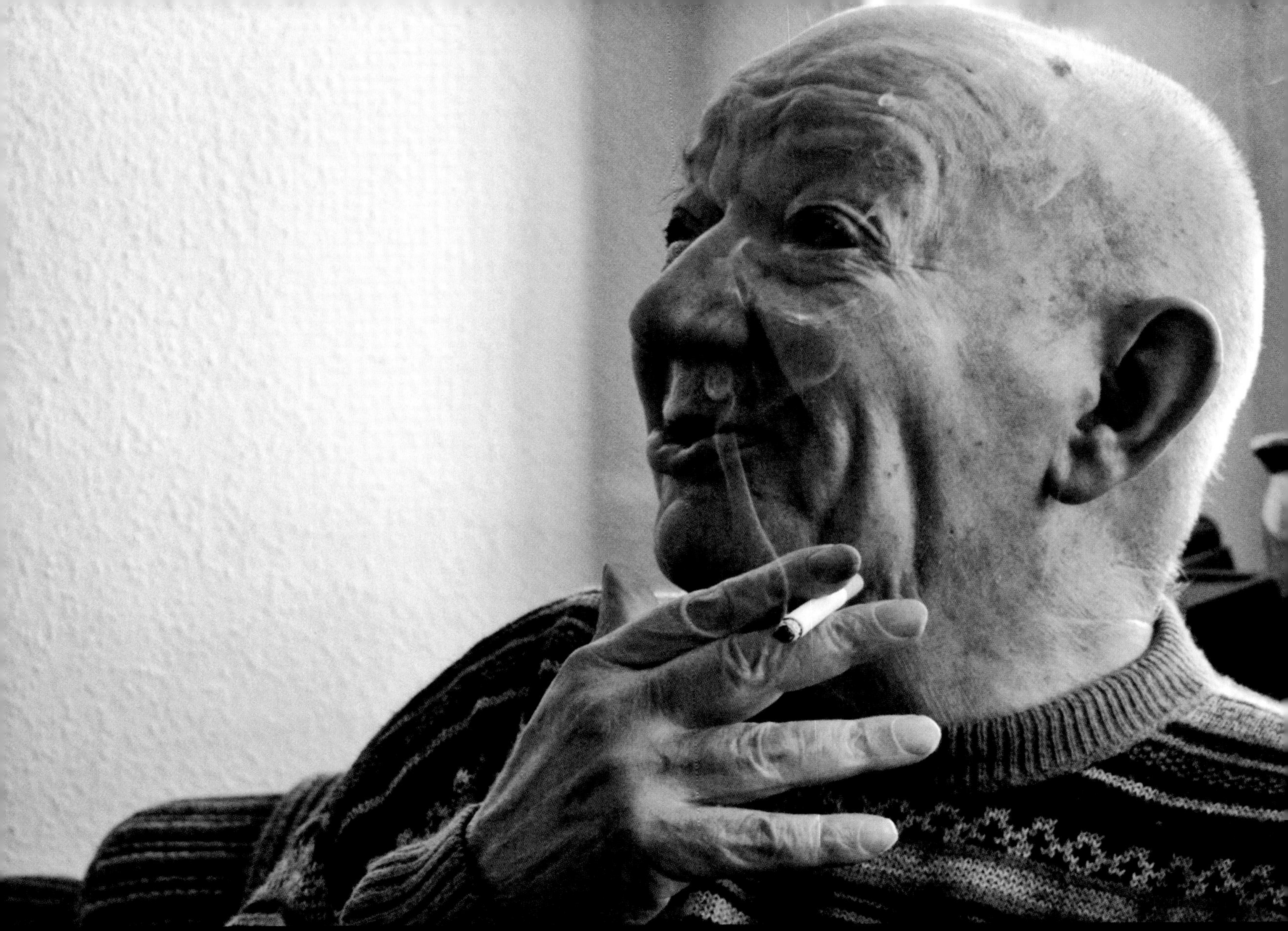

Helga v

„... ja, ja,
oh, das tut gut!"

Wahrhaftigkeit und Innigkeit prägten ihr Verhältnis zu den Eltern. Sie fühlte sich besonders zum Vater hingezogen, der Maler war und sie in die Welt der Kunst einführte. Sein früher Tod im Krieg riß sie schmerzlich aus der Welt der Geborgenheit und des gegenseitigen Verstehens.

Was sie beim Vater gesehen und von ihm gelernt hatte, versuchte sie mit Hilfe der Mutter weiterzuführen. Sie brachte ihren frühen Schmerz, ihr Gefangensein in den Gefühlen, in grellen, farbigen Bildern zu Papier. Später, als sie bei der Post einfache Tätigkeiten verrichtete, war die Malerei inzwischen ihr Ein und Alles geworden. Bei ausgedehnten Wanderungen in der Natur fand sie ihre Motive: Blumen, Gebirgswege und immer wieder Licht, was Wolken durchbricht. So baute sich Helga ihre eigene Welt: Blumenwiesen, Apfelbäume, Schmetterlinge, ein Frühlingsleuchten, ein Kinderstrahlen - Bilder einer nicht zu stillenden Sehnsucht.

Was geblieben ist: Die Unruhe eines lebenshungrigen Menschen, der Kontakt zu anderen durch Singen, Erzählen, Aufzählen und Lächeln sucht.
Manchmal ist sie ärgerlich. Wenn sie zurechtgewiesen wird oder nicht die Erste sein kann, schimpft sie -
um im nächsten Augenblick wieder zu lächeln.

Helga ist am 28. Oktober 1925 geboren.

... Blumenwiesen, Apfelbäume, Sch
ein Frühlingsleuchten, ein Kinderstr
nicht zu stillende Sehnsucht.

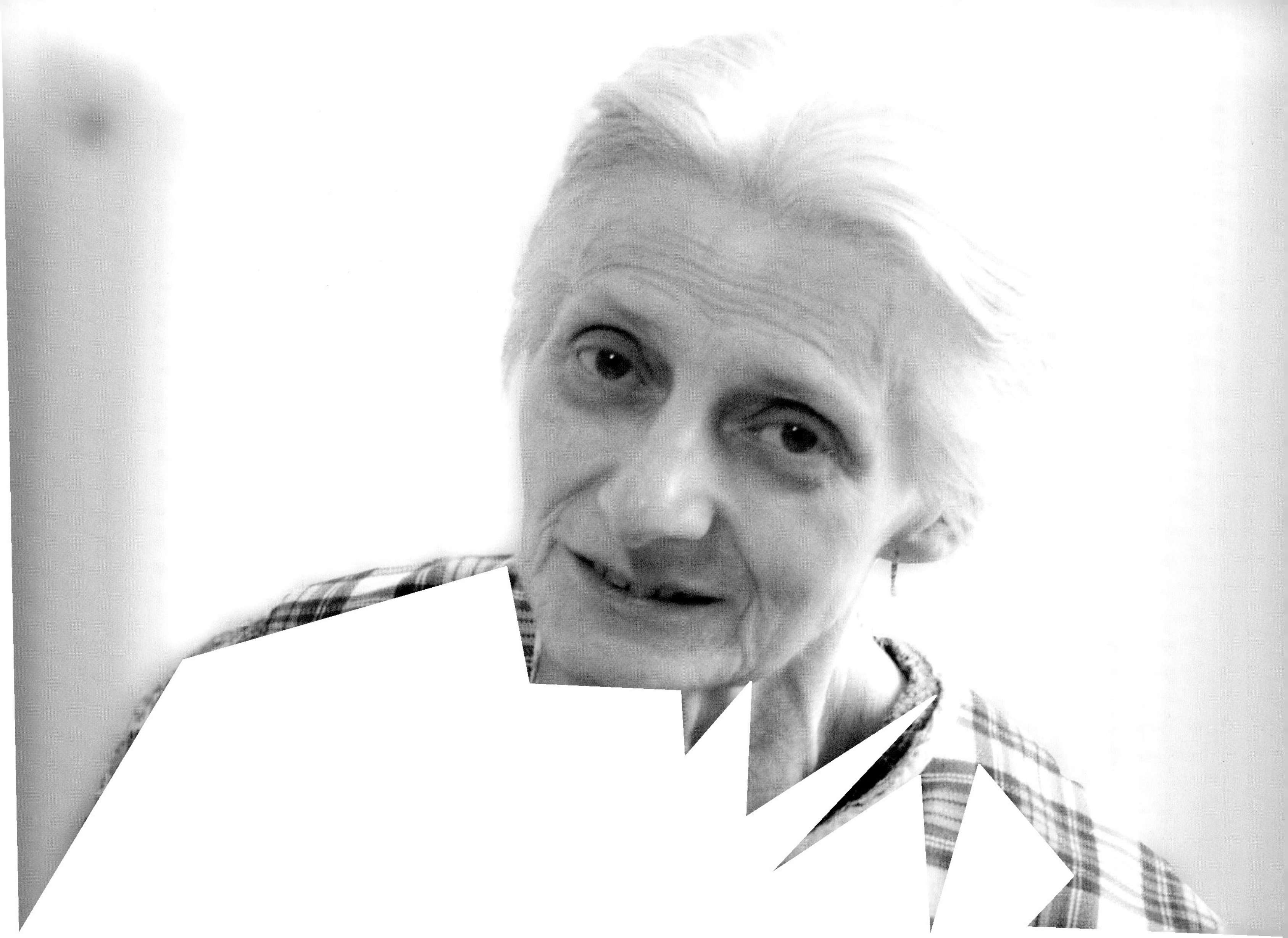

URSU

„... ja, Mutt
ich schaffe

Ursula verlebte eine schöne Kindheit. Fühlte sie sich doch von ihrer Mutter geliebt und angenommen. Der Vater war beruflich viel unterwegs und selten zu Hause. Mutter und Tochter verband die Sorge um das tägliche Leben. Sie versorgten kranke Menschen in ihrer Umgebung, nahmen manchmal auch Bedürftige in ihren Haushalt mit auf.

Als ihr Vater nach dem frühen Tod von Ursulas Mutter das zweite Mal heiratete, begann für sie eine schlimme Zeit. Als Stieftochter ungeliebt, verließ sie bald das früher so geliebte Elternhaus. Sie wurde Krankenschwester und übte diesen Beruf mit Leib und Seele aus. Die Liebe und Geborgenheit, die ihr ihre Mutter in der Kindheit gegeben hatte und die sie später so schmerzlich entbehren mußte, gab sie nun anderen. Viele Jahre kümmerte sie sich als Stationsschwester um die Bedürftigkeiten der Kranken.
Nur kurze Zeit war Ursula verheiratet. Ihr einziger Sohn verstarb schon als Kind.

Auch heute macht sich Ursula Sorgen um andere. In Selbstgesprächen. Als würde sie noch immer im Krankenhaus arbeiten. Sie liebt Tiere und besonders Katzen über alles, streichelt sie mit Hingabe. Leider können sie nicht mehr bei ihr wohnen.

Ursula ist am 17. März 1929 geboren.

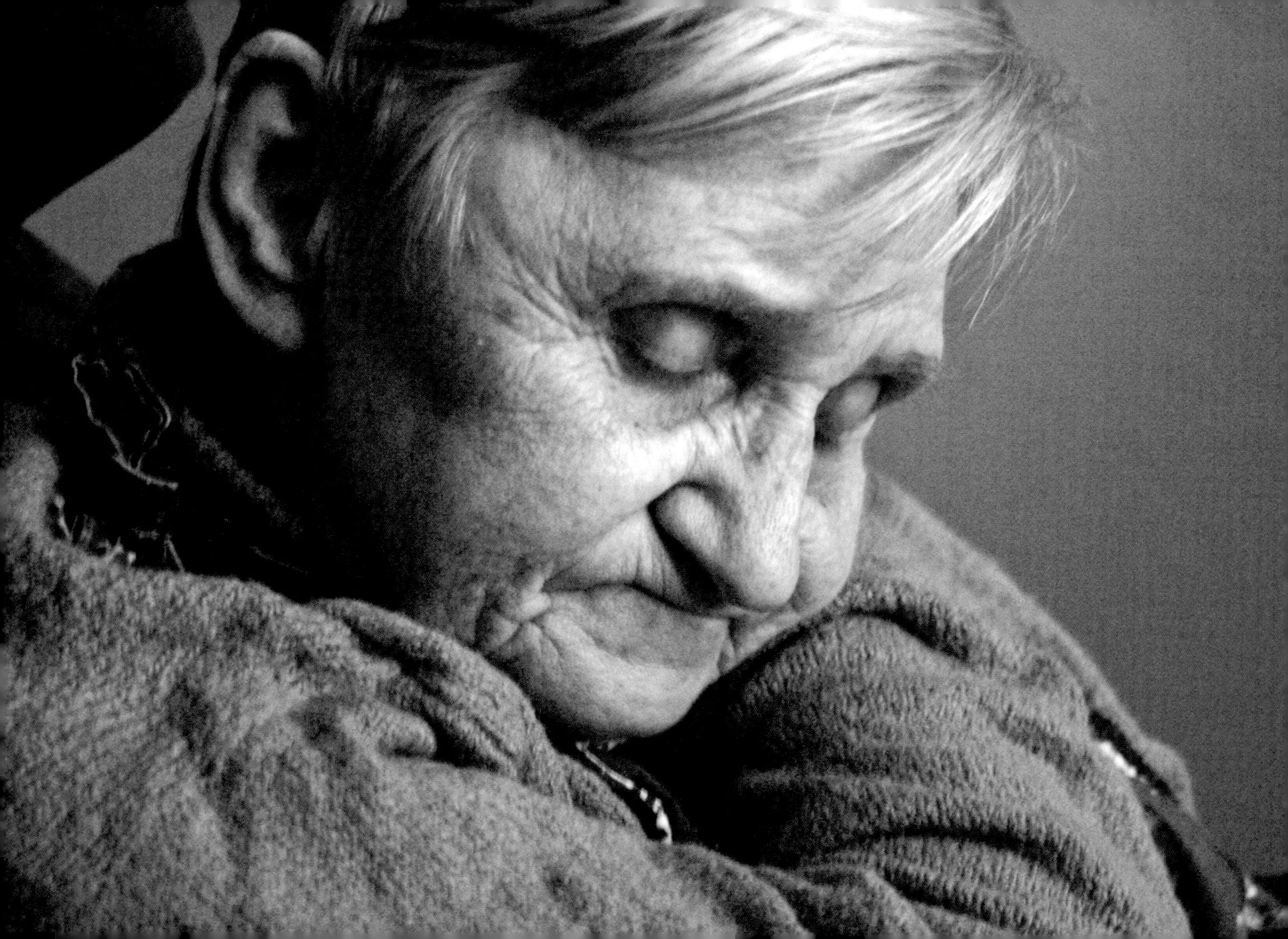

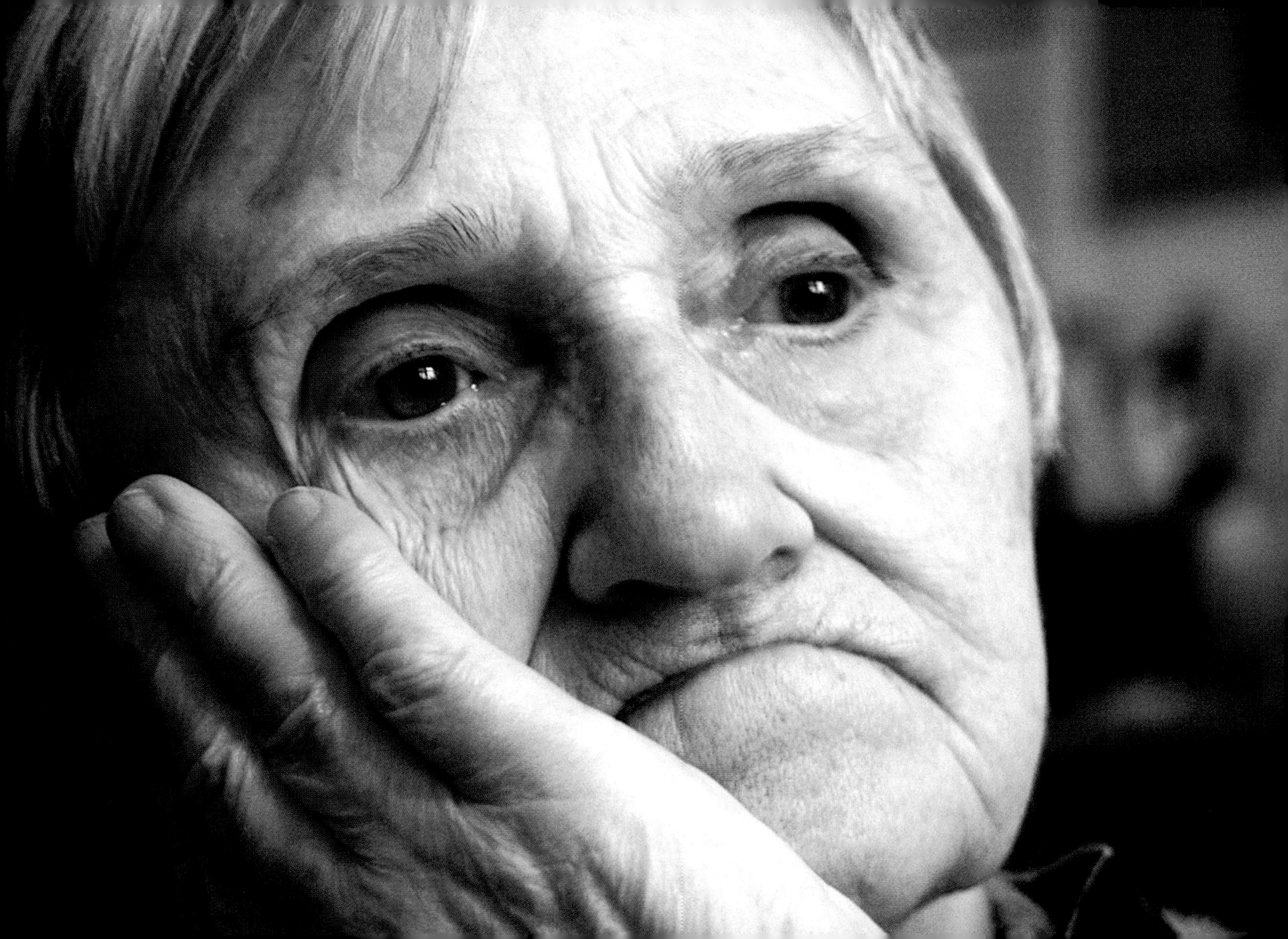

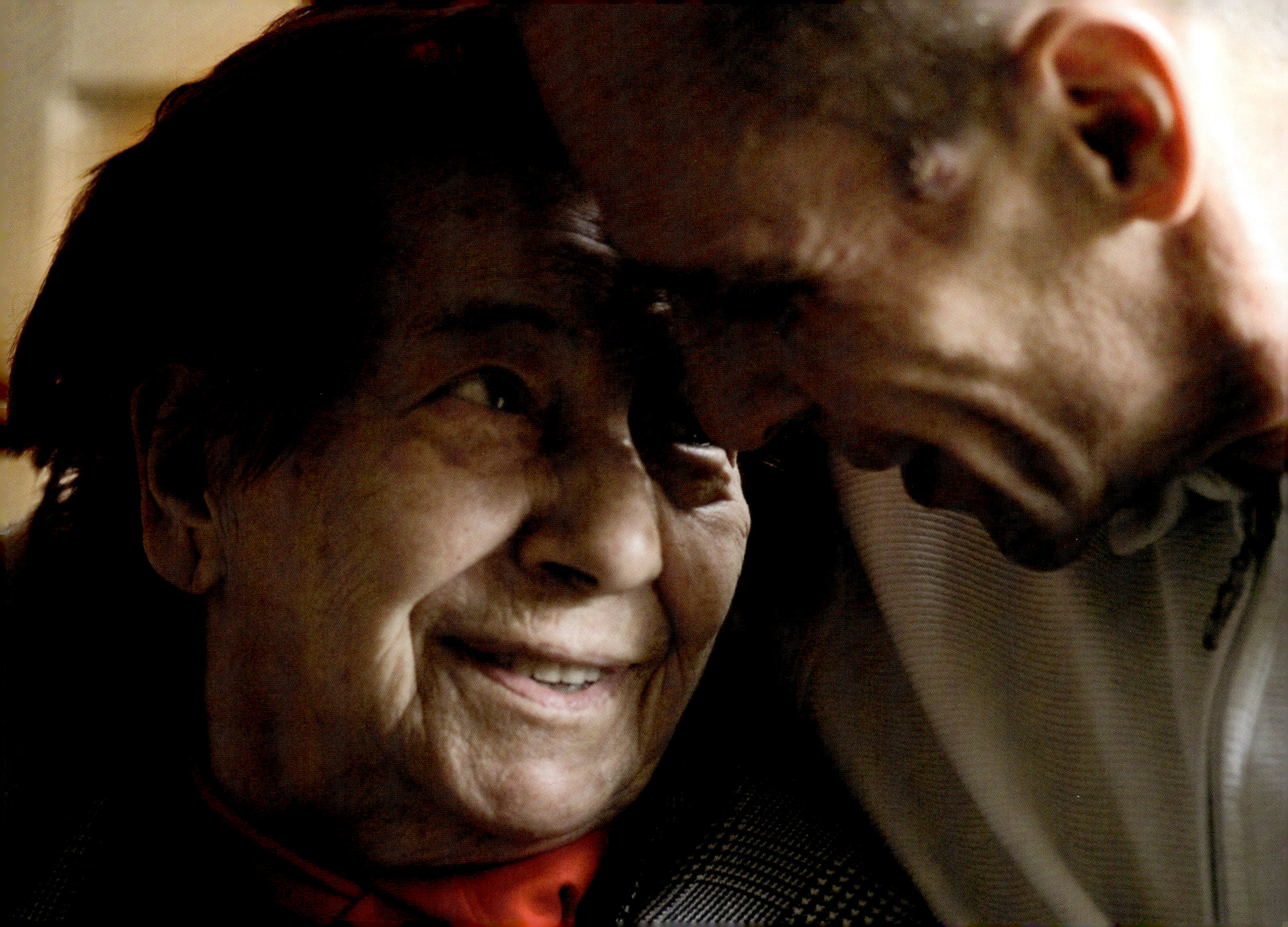

Geschichten aus dem Leben

LISA

... und sie tanz[t]
bis es Aben[d]

Gestatten Sie mir, Sie in das Reich der Imaginationen zu entführen. Ich möchte mit Ihnen dabei Räume betreten, in denen Menschen mit ihren so einzigartigen Biografien unseren Weg kreuzen, einzelne Lebensabschnitte schemenhaft an uns vorbeiziehen. Wir könnten einsteigen in den Lauf ihres Lebens und wieder aussteigen, wie es uns beliebt. Mich fasziniert die Fülle von Eindrücken, von Möglichkeiten, miteinander in Beziehung zu treten.

Mich interessiert, was die mir begegnenden Menschen tief verborgen in sich tragen, was sie offenbaren oder sich selbst ein Leben lang verschweigen.

Ich versuche mir vorzustellen, wie ich mit den Bildern, mit dem, was mich tief berührt hat, in meiner Erinnerung verblieben ist, viele Seiten eines Buches füllen könnte, wie es reichhaltig zu illustrieren wäre.

Jedes Buch wäre dabei ein Original, so einzigartig, so vielfältig wie das Leben selbst.

Mich würden illustrierte Bände begeistern, deren Seiten gefüllt wären mit außergewöhnlich farbigen Schmetterlingen, mit lachenden, übermütig hüpfenden Mädchen in flatternden Kleidern, mit dem intensiven Duft frischer Blumenwiesen, der an mir entlang streicht, mich einhüllt. Ich würde mir dabei wünschen, daß mich die Leichtigkeit, die Lust des Lebens an die Hand nähme.

Bücher, in denen mir weit aufgerissene Augenpaare und vor Angst erstarrte Gesichter den Schrecken in die Glieder fahren lassen, würde ich argwöhnisch betrachtend lieber stehen lassen. Die darin enthaltenen Geschichten sprechen vom Leid und Schmerz dunkler, gebeugter Gestalten. Krankheit, Sterben und Tod haben tiefe Furchen in ihre Gesichter geprägt. Der Himmel über ihnen ist verhangen mit dichten, bedrohlich näherrückenden Wolkenpaketen, die die vielen ungeweinten Tränen in sich tragen, von dem erzählen, was wir nicht suchen und doch finden - von der Tragik des Lebens, der Schwere des irdischen Daseins.

Eines Tages klopfen sie auch an unsere Tür, stehen ungefragt auf unserer Schwelle. Wir gewähren ihnen Einlaß und werden verwandelt. Die großen Fragen des Lebens sind an uns herangetreten: die nach dem Sinn, nach dem Glauben, nach dem Licht am Ende des Tunnels. Entweder wir verzweifeln oder wir beginnen zu leben.

Auch "Demenz" ist ein Thema, das wir lieber fern von uns halten würden. Begegnet es uns, beginnen wir zu erahnen, daß auch Unsicherheiten und Ängste nicht weit sind.

Bücher, in denen wir von Menschen erfahren, die die Demenz verändert hat, gehören nicht zur Unterhaltungslektüre. Sie vermögen erst unser Interesse zu wecken, wenn wir in irgendeiner Art und Weise berührt wurden, selbst betroffen sind.

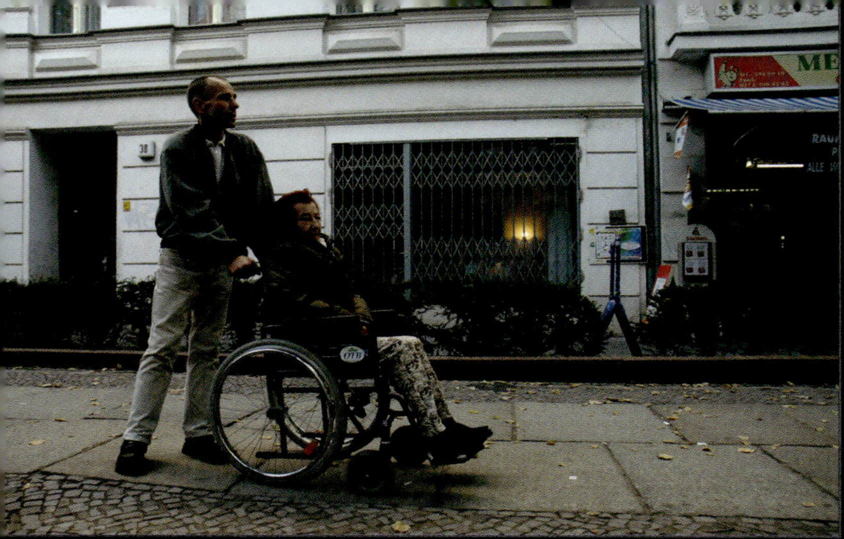

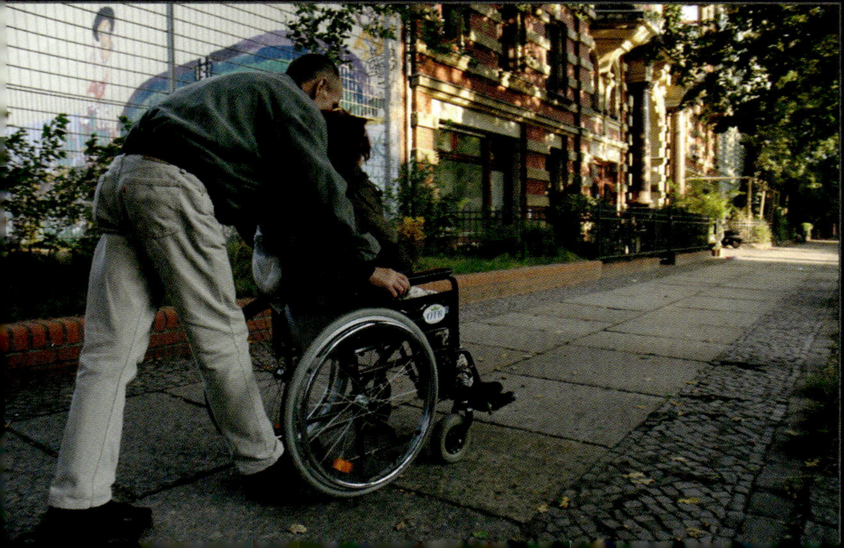

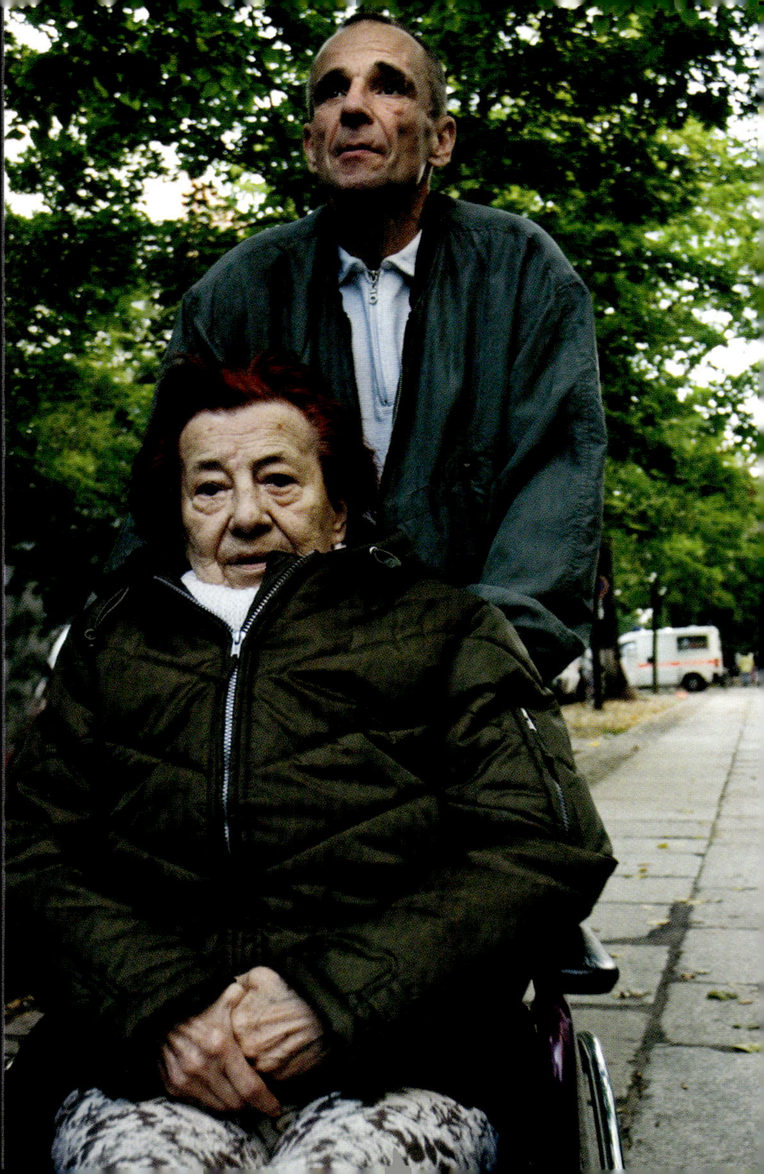

Ich stelle mir vor, daß bei diesen Büchern der Einband oder Buchrücken abgelöst sein könnte. Buchstaben und Worte wären durcheinanderpurzelt, hintere Seiten fänden sich am Anfang, vordere am Ende, manche fehlten sogar ganz. Es gäbe keine Seitenzahlen, die mir beim Durchblättern und Lesen eine Hilfe sein könnten. Ich erahne, daß es mir schwer fallen würde, mich zu orientieren, den Sinn, die Aussage des Buches zu erfassen. Zeichnungen, Fotografien fielen aus dem Rahmen, verlören sich. Und trotzdem würde ich etwas erfahren, hinterließe das Buch, dessen Sprache mir noch lange unverständlich bliebe, bei mir einen nachhaltigen Eindruck.

Es läge an mir, ob ich mir zutraue, diesen Text zu entschlüsseln, mich einzulassen auf das, was auf den ersten Blick nicht zu entziffern, zu verstehen ist. Ich fühlte mich aufgefordert, die verbleibenden Bruchstücke neu zusammenzufügen, ihnen Zeit und Ort zuzuordnen, sie mit einem neuem Einband zu versehen.

Die Geschichte von Elisabeth W. beginnt auch erst auf den zweiten Blick, mein Interesse zu wecken. Um dort anzukommen, sie abzuholen, wo sie jetzt lebt, muß ich Abschied nehmen von allen in mir festgefahrenen Vorstellungen, muß Erfahrungen zur Seite legen, die mir hier nicht weiter helfen. Ich kann ihr nur ohne Vorbehalte, unverstellt und offen begegnen.

Lisa wohnt seit gut 2 Jahren in einer der Wohngemeinschaften für Menschen mit Demenz, die es seit noch nicht allzu langer Zeit in Berlin gibt. Eines der hellen Zimmer dieser großen Wohnung, zu der ein Wohnraum, eine Küche, mehrere Bäder und die Einzelzimmer der anderen Bewohner gehören, ist das ihrige. Das Namensschild "Frau Elisabeth W." auf einer der Türen gibt mir zu verstehen, daß ich richtig bin. Ich trete in das Zimmer und gleichzeitig einen Schritt weit und sehr behutsam in ihr Leben. Zwei Fotografien über ihrem Bett erinnern an die Zeit, als sie Tänzerin war. Sie lassen in mir Fantasien und Vorstellungen einer mir bis dahin fremden Welt lebendig werden.

Ich erfahre, daß das Ballett, die Bühne, das Theater ihr Zuhause war, das Publikum ihre Familie. Sie liebte die Welt der Bilder und Illusionen, die versprechen, sich für eine kurze Zeit mit Leichtigkeit, Sinneslust und spielerischer Balance zu umgeben, sich abzusondern und herauszunehmen aus dem tagtäglichen Einerlei des allzu Grauen. Für mich ist es die hohe Kunst, anderen das Leben zu versüßen - ein Zuckerwürfellutschenlang - .
Ihr Leben wurde geprägt durch eine beeindrucken-

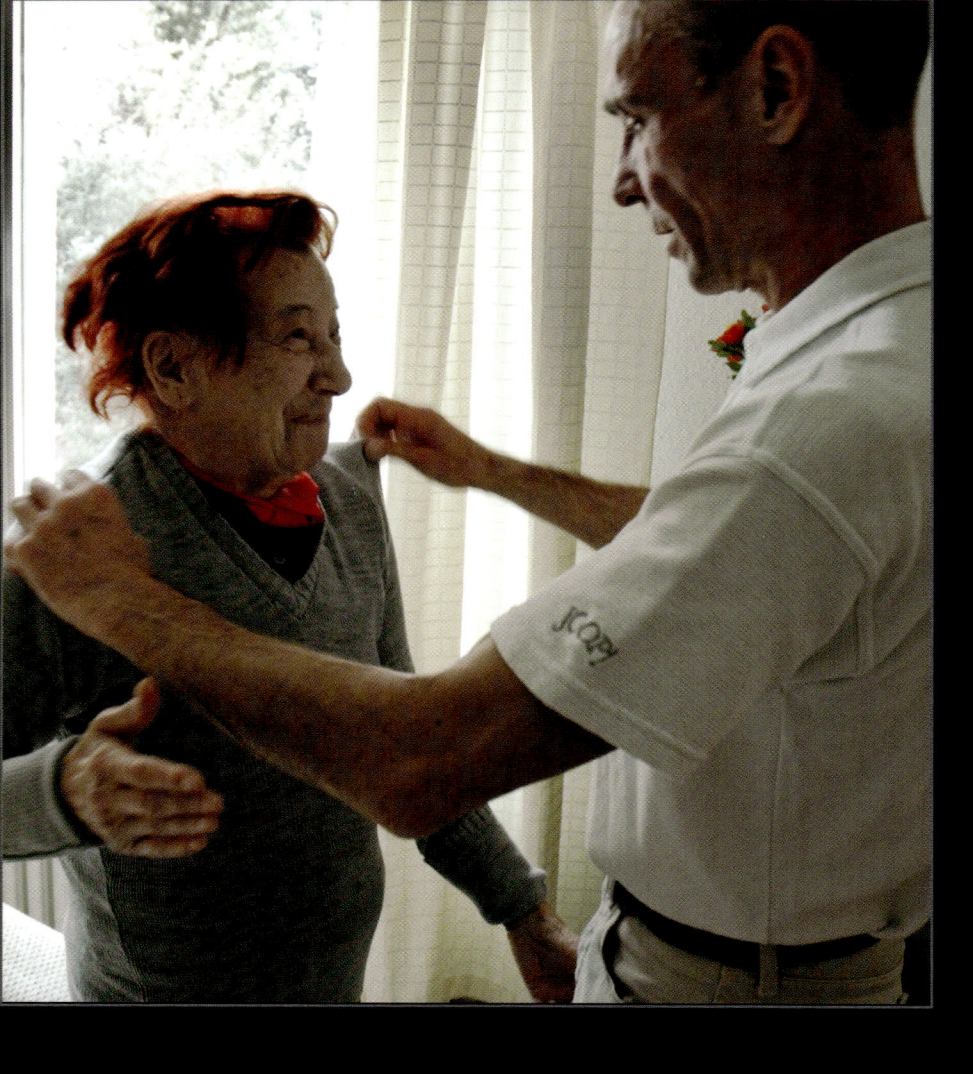

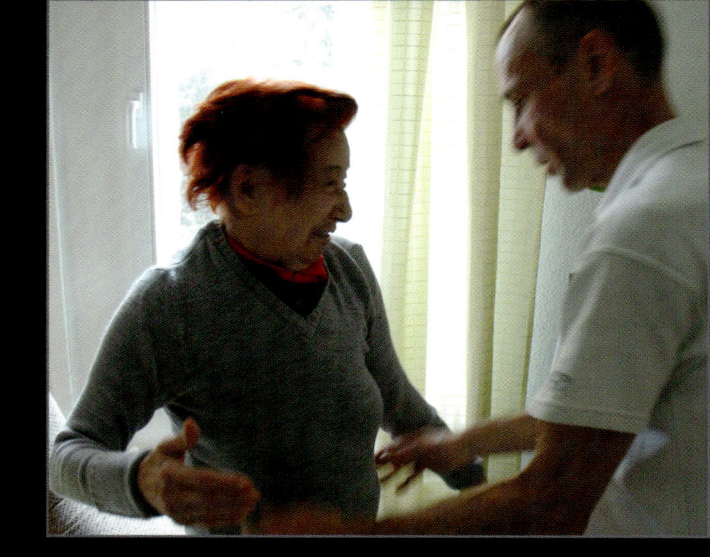

Er ißt mit ihr, er kämmt sie, er kleidet sie an,
er freut sich wie ein Kind, wenn Lisa hübsch aussieht.
Sie freut sich auch.

de Sinnesfülle aus der Welt dieses Bühnenlebens, durch das berauschende Gefühl, im Mittelpunkt einer ungeteilten Aufmerksamkeit stehen zu dürfen. Sie lebte vom Applaus eines vor Begeisterung sprühenden Publikums, von der Aufmerksamkeit, der Anerkennung, die ihr zuteil wurde. Sie kannte aber auch die Vielzahl von Entbehrungen, den unendlichen Fleiß, die eiserne Disziplin, die den ersehnten Erfolg brachten.

Ich tauche ein in diese Welt und finde mich wieder in einer der allabendlichen Vorstellungen mit Lisa. Das grelle Scheinwerferlicht, die Kulisse mit den schweren Vorhängen, die betörenden Düfte von Parfümen und Puder und die Tänzerinnen selbst mit ihren glitzernden, mitunter aufreizenden Garderoben machen es mir leicht, mich treiben zu lassen. Ich genieße es, mich in die mir bis dahin unbekannten Gefilde des Nebulösen, des Federleichten, entführen zu lassen. Diese scheinbar so zerbrechlich zarten Mädchenkörper, sie beginnen sich zu drehen, sie tanzen. Sie scheinen sich in der Bewegung miteinander zu verweben, zu umgarnen, sich voneinander wieder zu lösen, bis der Tanz erneut beginnt. Es ist ein unendliches Verwirrspiel, daß sich im Einklang mit den Rhythmen der sie begleitenden Töne auflöst, sich erneut einer Harmonie und Ordnung fügt. Auf den Gesichtern der Mädchen glaube ich, ein Lächeln tanzen zu sehen.

Es beginnt mit mir zu spielen, verlockt, verhöhnt und verstößt mich wieder. Verzaubert durch die Anmut des Tanzes, die Flut von betörenden Bildern und überwältigenden Gefühlen, bin ich der Versuchung nahe, mich zu verlieren.

Mir verbleibt, mich zu suchen, zu finden und wieder einzuordnen in die Kargheit der mich umgebenden Realität. Dabei verlieren verinnerlichte Bilder an Faszination, an Ausstrahlung. Sie beginnen zu verblassen und sich wieder aufzulösen.

Ich bin bei Lisa. Meine Aufmerksamkeit und mein Interesse soll für ein paar Stunden nur ihr gelten. Lisa sitzt mir gegenüber. Neben ihr Detlef. Ihrer beider Beziehung ist ungewöhnlich, nicht auf den ersten Blick durchschaubar. Es könnte sich die Frage auftun, ob sie Mutter und Sohn, gut befreundet oder verwandt miteinander sind. Diese erweist sich letztendlich aber als unwichtig, sie verhallt im Raum. Meine Aufmerksamkeit wird eher auf das gelenkt, was von Detlef sehr einfühlsam als ihrer beider liebstes, gemeinsames Spiel bezeichnet wird. Es ist das des gegenseitigen Gebens und Nehmens. Dabei ist es nicht nur der Genuß einer geteilten Zigarette, die Freude über eine gemeinsame Tasse Kaffee, es ist auch die Verzauberung durch ein Lächeln, das vom Gegenüber erwidert wird, durch eine Berührung, die so nur den Ande-

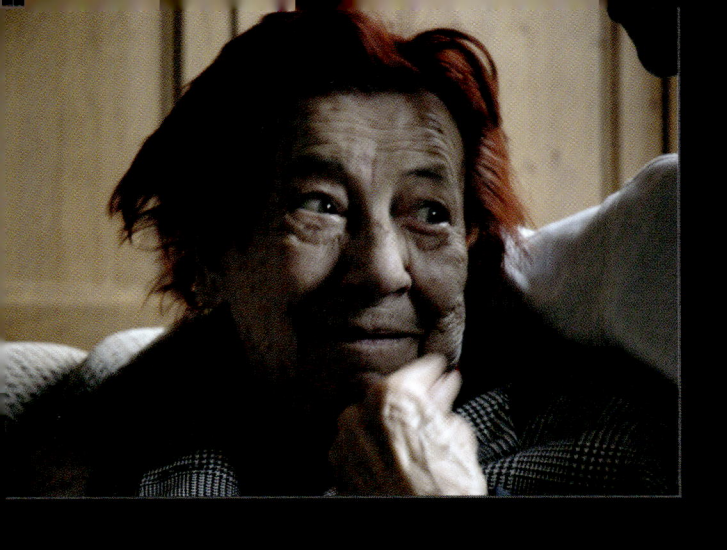

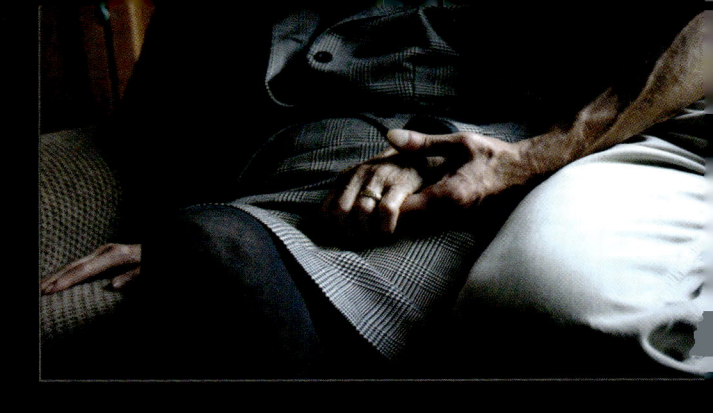

„Ich bin ich,
und die anderen sind die anderen!"

ren meint. Es ist die Unschuld eines Kusses, der von der Freude dieses gemeinsamen Augenblickes getragen wird. Lisa ist dabei die "Prinzessin, die einfach schwach geworden ist", wie Detlef es treffender nicht formulieren könnte. Er kennt die vielen Augenblicke, in denen Lisa sehnsuchtsvoll aus dem Fenster schaut, nicht weiß, warum, auf wen sie wartet, unfähig, selbst diesem Zustand ein Ende zu bereiten. Detlef hat sie in sein Herz geschlossen, erahnt, daß sie nach ihm Ausschau hält, nach ihm, dessen Namen sie vergißt, der für sie bedeutungslos geworden ist. Er selbst aber ist es nicht. Erst bei seiner Rückkehr, in seinen Armen findet sie Ruhe, Geborgenheit.

Seit Jahren gibt es in Detlefs Leben einen steten Rhythmus, in dem die Besuche bei Lisa, seiner ehemaligen Nachbarin, ein fester Bestandteil geworden sind. Es macht ihn froh, erwartet, gebraucht zu werden. Er ißt mit ihr, er kämmt sie, er kleidet sie an, er freut sich wie ein Kind, wenn Lisa hübsch aussieht. Sie freut sich auch. Er spricht von einer "göttlichen" Liebe zwischen ihnen. Dabei verliert sich sein Blick im Raum.

Lisa ist während unseres Gespräches hellwach. Sie erahnt Gefahr, nimmt mich wahr als weibliche Rivalin, bei der es um die Gunst des Mannes geht, der ihr vertraut ist. Sie ist ganz Auge und Ohr, zum "Kampf" bereit. Ich empfange von ihr diskret eindeutige Hinweise, daß der Mann neben ihr der ihrige ist. Der erhobene Zeigefinger verfehlt seine Wirkung nicht.

Dabei sprüht sie vor mädchenhaftem Schalk und Charme - sie unterliegt keinem Traktat, keinem Reglement mehr. Sie scheint befreit von der Last fremd- und selbstauferlegter Zwänge. Sie beugt sich keinen Verhaltensschablonen mehr. Ihre leuchtend kupferrot gefärbten Haare sind Ausdruck ihres

Lebensgefühls. Das Lächeln auf ihrem Gesicht ist meist unbeschwert, es bewegt sich tatsächlich und beginnt zu tanzen. Es wirkt ungekünstelt und ist die Antwort auf ihr Befinden: "Ich bin glücklich!" Es lebt in diesem Moment - alles andere ist überflüssig.

Ich glaube, in ihr immer noch die Diva erkennen zu können, die die Bühne liebte und die Show genoß. Im Mittelpunkt zu stehen, auch bei uns, ist für sie Spiel und Spaß zugleich - gestern wie heute.

Es gibt Momente, da wartet die verhaltenere Lisa, das Mädchen mit ihren Sehnsüchten und Träumen im Hintergrund. Ihr Blick gleitet durch mich hindurch in fernere Welten, wohin ich ihr nicht folgen kann. Sie ist mir einige Schritte und Jahre voraus. 90 gezählte Lebensjahre können nur eine grobe Orientierung von Zeit vermitteln - ich muß alle Vorstellungen in mir über Alter von Bord werfen und beginnen, umzusortieren.

Lisa ist bei sich angekommen, sie strahlt, vielleicht tanzt sie wieder - abends, nachts, nach ihrem eigenen Rhythmus. Einem Rhythmus, der für die Außenwelt in seiner so eigenen Dynamik irritierend wirkt! Für sie bedarf es keiner Worte, keiner Sprache mehr. Ihr Leben vollzieht sich nach eigenen Gesetzmäßigkeiten. Es gibt keinen verläßlichen Schlüssel, um sie zu verstehen. Detlef weiß, daß sich für ihn nur im gelebten Augenblick die Türen öffnen. Er hat eine Pflegerausbildung abgeschlossen, um Lisa nahe sein zu können, ihr zu helfen.
Lisa lebt in ihrer eigenen Welt, hat für sich selbst Eindeutigkeiten geschaffen.
Detlef ist dabei ein ihr vertrauter Gast. Ich notiere in einem der wenigen sprachlichen Dialoge mit ihr: "Ich bin ich und die andern sind die andern!"
Was bleibt, ist Sprachlosigkeit, die eher ich in mir trage. Ich muß mich den bewegenden Bildern beugen. Unsere Begegnung hat mich tief berührt.

Elisabeth W. wurde am 30. März 1915 in Gleiwitz bei Breslau geboren. Sie tanzte viele Jahre im Ballett, auch im Berliner Friedrichstadtpalast. 1955 heiratete sie. Jahre danach eröffnete sie mit ihrem Mann ein Lokal in Berlin/Schöneberg. Die Ehe blieb kinderlos.
Seit 2 Jahren lebt sie in einer Wohngemeinschaft für Menschen mit Demenz in Berlin.

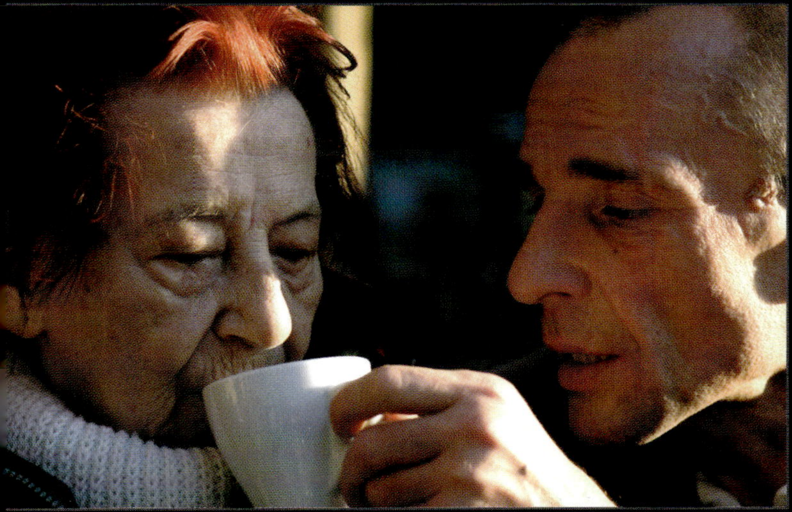
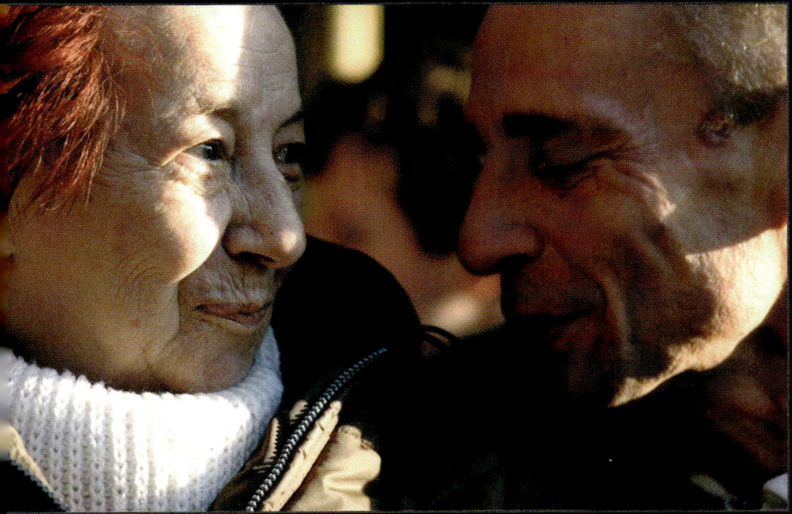
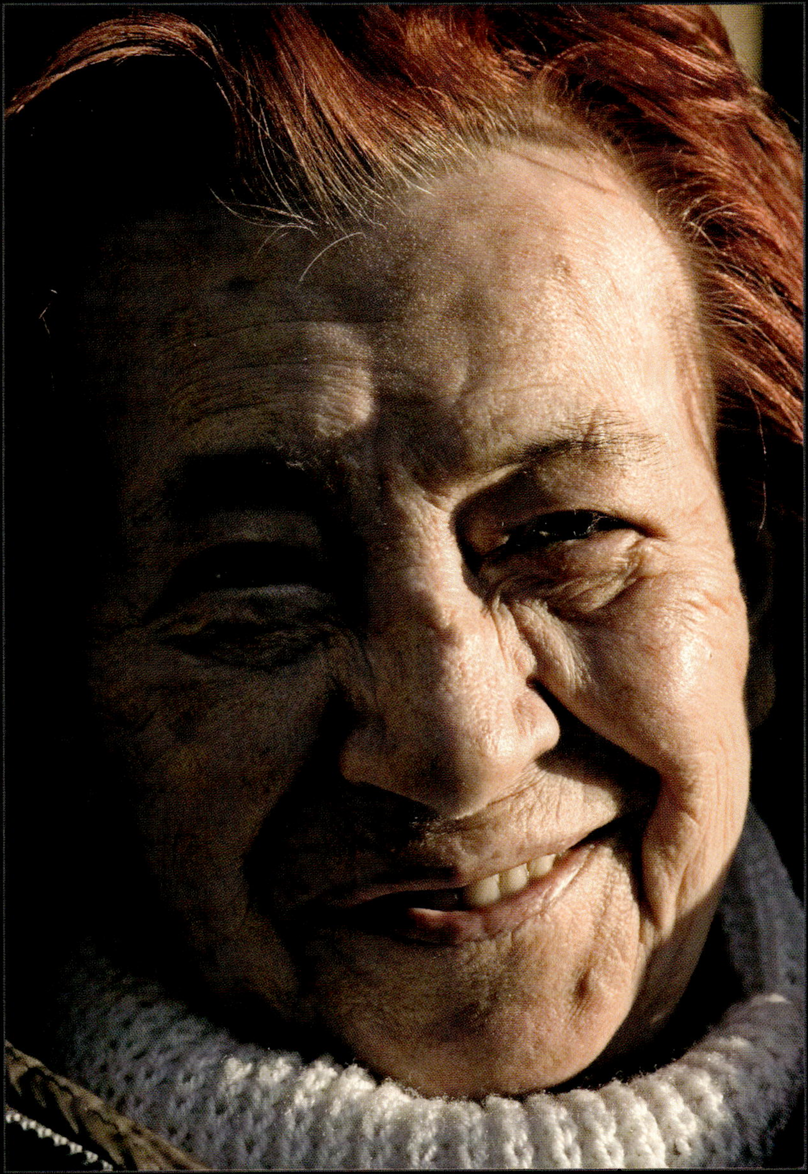

Marianne

Die Mittlerin

In einem kleinen böhmischen Erzgebirgsort erblickte während des ersten Weltkrieges Marianne das Licht der Welt. Ihr Vater war kaiserlich-königlicher Zolleinnehmer und zu Mariannes Geburt bereits ein betagter Mann. Einige Jahre zuvor hatte er das 22-jährige Wirtstöchterlein des Ortes geheiratet. Vier Kinder kamen zur Welt. Marianne sollte das einzige Mädchen in der Familie bleiben. Ihr zur Seite gestellt waren Franz, Hans und Heinz, ein älterer und zwei jüngere Brüder.

Marianne hatte als Kind noch das böhmisch-österreichisch gefärbte Zuhause einer bürgerlichen Familie des 19.Jh. erlebt, das mit Klosterschule, Kirche, Tanzstunde und allabendlichem Bummel auf dem Corso bis weit in die "neue Zeit" hinein ausgefüllt war. Wie sehnlichst wünschte sie sich aber, "modern" zu sein, weltoffen. Sie strotzte vor Lebenslust und reicher Phantasie.
Wie gekonnt entführte sie sich selbst und ihren kleinsten Bruder Heinz (nunmehr auch schon 80 Jahre) in die reiche Welt ihrer Bilder. Noch heute schwärmt Heinz davon, weiß zu berichten, in wieviele Länder der Welt sie ihn in ihren Erzählungen mitgenommen hat, ihm sogar das vom Himmel schwebende Christkind leibhaftig gezeigt hätte.

Die Zeit der Bubiköpfe, Tonfilme und des Jazz brach heran, gleichzeitig begann Nazigeschrei durch die Straßen der ruhigen, böhmischen Beamten- und Pensionärsstadt Leitmeritz zu schallen.
Für den Vater war Marianne immer noch die Tochter aus bürgerlichem Hause, die es mit entsprechender Aussteuer und Mitgift zu verheiraten galt. Er liebte sein einziges Mädchen und wollte ihr eine humanistische Schulbildung vermitteln lassen, mußte aber frühzeitig erkennen, daß sein Vorhaben zum Scheitern verurteilt war. Marianne, inzwischen mit Bubikopf und Hosen, verteidigte aufmüpfig und rebellisch dem Vater gegenüber ihr Recht auf eigene Lebensentwürfe.
Die erfolgreich abgeschlossene Lehre als Zahntechnikerin, auf die der Vater noch Wert gelegt hatte, konnte ihrem Bedürfnis, den Menschen in ihrem tagtäglichen Einerlei mit Herz, Phantasie und Offenheit zu begegnen, nicht genügen.
Eher zufällig, als sie 1938 zur Post kam und Telefonistin wurde, erahnte sie, daß sie viel-

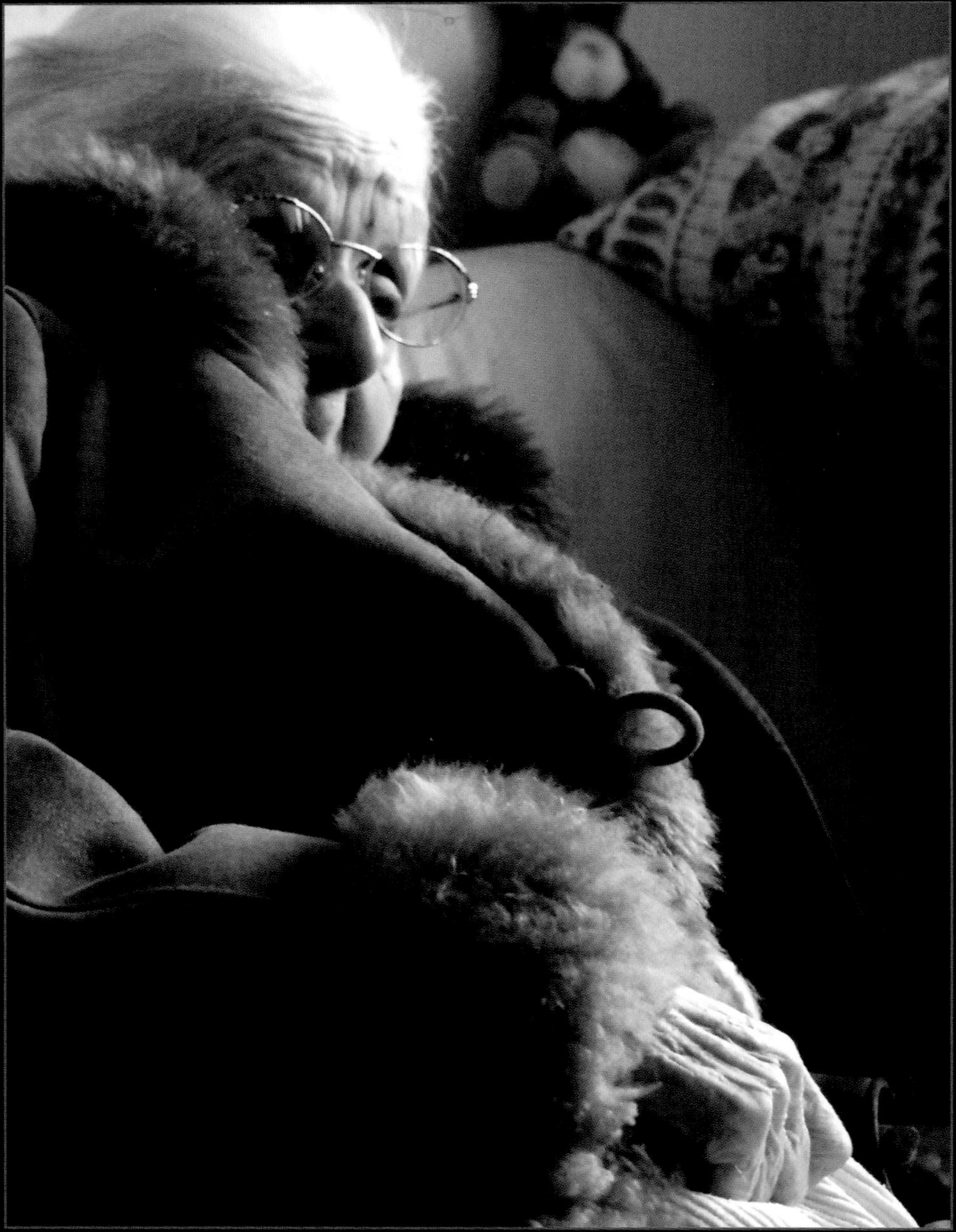

leicht gefunden hatte, was ihr entsprach. "Gott und die Welt" waren geeignet und geneigt, sich von ihr unterhalten zu lassen. Sie konnte nach Herzenslust flirten, charmieren und Geschichten erzählen, während sie den Anrufer mit der gewünschten Telefonnummer verband. Von sich selbst brauchte sie jedoch nichts preiszugeben. In dieser damals noch relativ persönlichen Tätigkeit fand sie Beglückung und Sinn.

Als sie 22 war, verstarb der Vater. Vielleicht gelang es ihr noch, ihn in seiner letzten Stunde durch seine harte Schale hindurch zu erreichen, zu ihm eine Verbindung zu "stöpseln", wie sie es so gerne tat. Wir wissen es nicht.

Sie blieb mit der Mutter und den Brüdern allein. Es begannen schwierige Jahre - der 2. Weltkrieg brach aus.

Die Beziehung zur Mutter wurde von da an intensiver, gestaltete sich zu einem Schwestern- und Freundinnenmiteinander und sollte ein Leben lang anhalten.

Nach Kriegsende begann ihre gemeinsame Flucht aus der Heimat, ihr anschließendes Umherirren, der Aufenthalt in mehreren Notquartieren und die Suche nach Brot und Arbeit in Schwerin und Berlin. Die Beziehung von Mutter und Tochter blieb unzertrennlich, auch als Marianne eines Tages G. heiratete. Alltag, Wochenende und Urlaub verlebten sie nun zu dritt. Wie einst für den Vater, war Marianne wohl auch für G. die innig geliebte "Prinzessin", die "gute Fee", die sich gerne in ihrer Rolle als Frau unterordnen wollte, um doch die Fäden in der Hand zu behalten. Sie verstand es, G. nie das Gefühl zu geben, fünftes Rad am Wagen zu sein. Galant und diplomatisch bezog sie alle mit ein und zehrte von der entstandenen Harmonie.

Marianne verschwand nie ganz aus dem Rampenlicht, sie galt als äußerst attraktiv und war eine ausgesprochen gute Gesellschafterin. Selten fühlte sich einer der Umstehenden in ihrem Schatten.

Wer mochte, empfing etwas von ihrer strahlenden Herzlichkeit und ihrem weiblichen Charme. Sie liebte es, sich geschmackvoll und extravagant zu kleiden und genoß es, bewundert zu werden. Die Bestätigung durch das Gegenüber kam - Mariannes Ausstrahlung lockte nicht nur Fotografen an.

Jahre später gehörte für lange Zeit ihre Aufmerksamkeit und Fürsorge ihrer alten, kranken

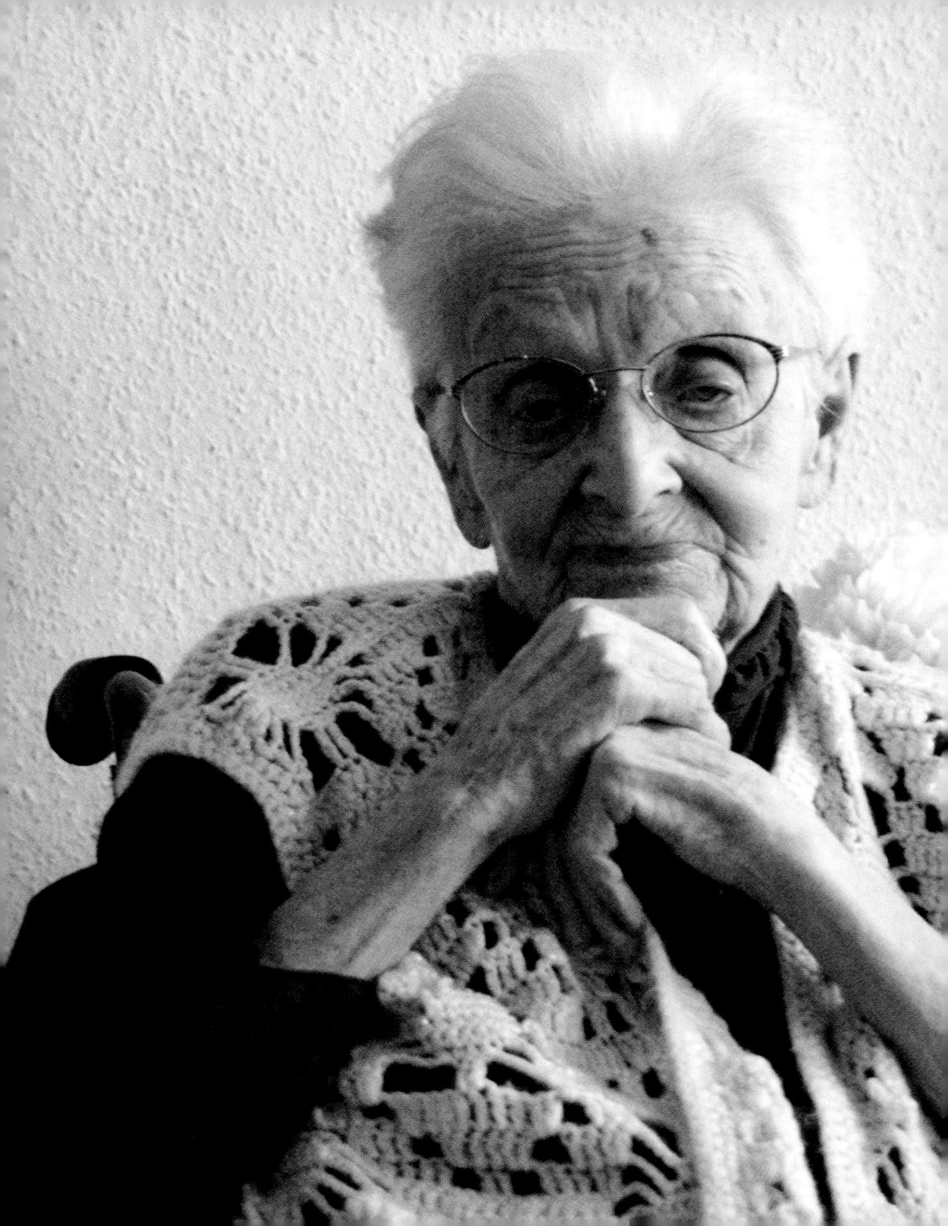

Mutter, bis diese starb. Auch ihren krebskranken Mann pflegte sie viele Jahre. Während dieser Zeit stellte sie ihr eigenes Leben willig zurück, ihre Begierde nach einfachem, lustvollem Glücklichsein brannte lange Zeit auf Sparflamme.

Nach G.s Tod schien ihre Lebenslust, ihre Leidenschaft nicht mehr zu bändigen. Der Topfdeckel war gelüftet, alles Zurückgestellte bahnte sich unaufhaltsam seinen Weg. Etwas in ihr verlangte nach exzessivem Leben. Sie war nun bereits 78 Jahre alt.

Feiern, Tanzen, Alkohol und die Wertschätzung des Äußeren durch besonders auffällige und elegante Garderobe sollten zu kurz gekommene Lust, den Hunger nach Leben und Geselligkeit stillen, die Trauer um das verlorene Nest bedecken. Vielleicht wollte sie auch vor sich selbst und dem Unfaßbaren, allein zu sein, fliehen, bemerkte aber die entstandene Haltlosigkeit nicht. Zeit- und heimatlos betrat sie unbekannte Gefilde.

"Die lustige Witwe", "die unwürdige Alte" - wie nicht nur ihr Bruder diese Jahre zu charakterisieren versucht - was sie trieb, bleibt nur zu erahnen! Für Marianne hatte das Bild, das sie nach außen abgab, keine Bedeutung, sie brauchte keine Rechtfertigung. Bis in die frühen Morgenstunden hinein spielte sich ihr Leben in Bars, Cafés und Kneipen ab, es war unruhevoll, ohne Bindungen und Verpflichtungen. Sie war wurzellos geworden.
Unter den jungen Leuten der "Szene" wurde sie "vergöttert". Sie stand im Mittelpunkt, genoß die Aufmerksamkeit, versprühte nicht nur Optimismus, Partylaune und Chic, sondern auch finanzielle Leichtlebigkeit. Alle "Zukurzgekommenen" wurden mitbedacht und mitversorgt.
Tage wurden zu Nächten, Nächte zu Tagen, die Zeit begann sich zu verwischen, Grenzen verschwanden im Nebel.
Der Herr der Zeit forderte seinen Tribut - Marianne fand kein Zuhause mehr. Sie verirrte sich in sich selbst, verlor den roten Faden und konnte das Knäuel nicht mehr entwirren. Ihr entglitt die Leichtigkeit des Seins, Schwere breitete sich aus.

Ihre fortschreitende Demenz machte Pflege und Fürsorge durch andere erforderlich. Die letzten Lebensjahre in einer Wohngemein-

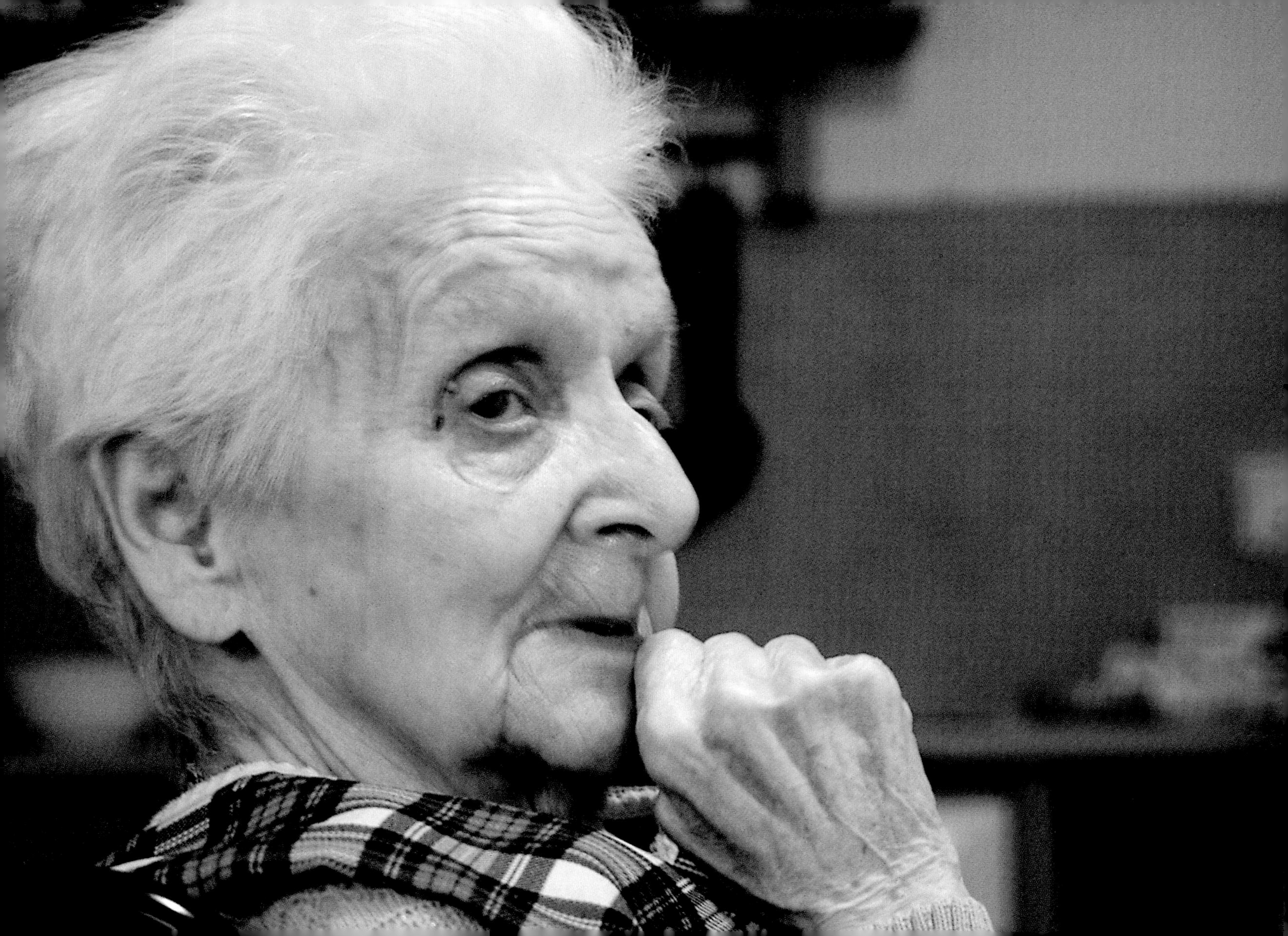

schaft für Menschen mit Demenz brachten die Stille nach dem Sturm. Worte gebrauchte sie zunehmend weniger, bis sie ganz verstummte. Es gab keine Notwendigkeit mehr, zu sprechen. Es war alles gesagt, alles getan, alles gelebt. Ihr immer noch koketter Augenaufschlag ließ erahnen, daß sie das Gegenüber wahrnahm - doch sie vermochte keine Verbindung mehr herzustellen, nicht mehr zu antworten. Nur manchmal lächelte sie - es war ein himmlisches Lächeln - eine tiefe Sehnsucht sprach aus ihrem Gesicht.

Marianne verstarb am 17. September 2005 im Alter von knapp 89 Jahren.

Herr G.

Eine Begegnung im November

Es ist Herbst. Mein Blick schweift aus dem Fenster. Verschwommen nehme ich die herabfallenden Blätter wahr, die sich verändernde Farbigkeit. Ein Gesang von Trauer und Wehmut liegt in der Luft. Die Fülle des Sommers hat die Gärten verlassen, die Kargheit des Herbstes hält Einzug.
Ein Gefühl der Schwere, der Müdigkeit bemächtigt sich meiner, folgt einer unendlichen Sehnsucht - nach Einkehr, nach Ankommen, nach Zuhause. Vereinzelte, noch wärmende Sonnenstrahlen, letzte reife Früchte versöhnen mich, schieben den Abschied hinaus.
Der Baum vor meinem Fenster hält lange noch die wenigen bunten Blätter. Er ist schmal geworden, dunkel, farblos. Ein wenig schief ist er gewachsen. Das Mädchenhafte seiner schlanken Gestalt erzählt von der Anstrengung, sich den Elementen entgegenzustellen.
Bald wird er auch die letzten Blätter entlassen müssen, ins Unvorherbestimmbare. Eine Reise beginnt, eine ewige Suche nach Eingebettetsein, nach der Verläßlichkeit sich unverändert wiederholender Rhythmen, nach der Beständigkeit einer Mutter, die führt.

Ich frage mich, ob es nicht bei uns Menschen ähnlich ist. Wird die Reise, die sie antreten, nachdem sie ihre nährende Quelle verlassen haben, nicht auch von dieser nie enden wollenden Suche getragen?
Wieder und wieder umarmen sich Abschied und Neubeginn. Wieder und immer wieder werden wir von unseren Vorstellungen verschlungen, werden erwachen und der Tag, die Zeit, das Leben beginnt uns zu lehren, daß nichts ist, wie es ist, daß nie etwas so sein wird, weil wir es sehnlichst wünschen, daß unsere Vorstellungen uns in die Irre führen, uns hämisch die Nase zeigen, weil sie uns Geradlinigkeit suggerieren und wir an Gewißheit, Berechenbarkeit glauben. Nichts bleibt beim Alten.
Verzweifelt werden wir uns mit Schwester Geduld arrangieren müssen, mit Bruder Vergänglichkeit Freundschaft schließen!
Was bleibt also an Hoffnungen, an Wahrheiten, die nicht veralten? Wir nähren uns von Erinnerungen, die als Samen, als Botschaft über den Winter getragen werden, die uns durch das Dunkle geleiten zum Licht.
Ist es das Wissen um die Einmaligkeit dieses Augenblicks? Ist es der erste Sonnenstrahl, der wärmend unsere Rücken streichelt? Ist es ein lächelndes Gesicht, eine Wunde, die verheilt, das letzte Blatt eines Baumes?
Doch welche Erinnerung verbleibt, wenn es

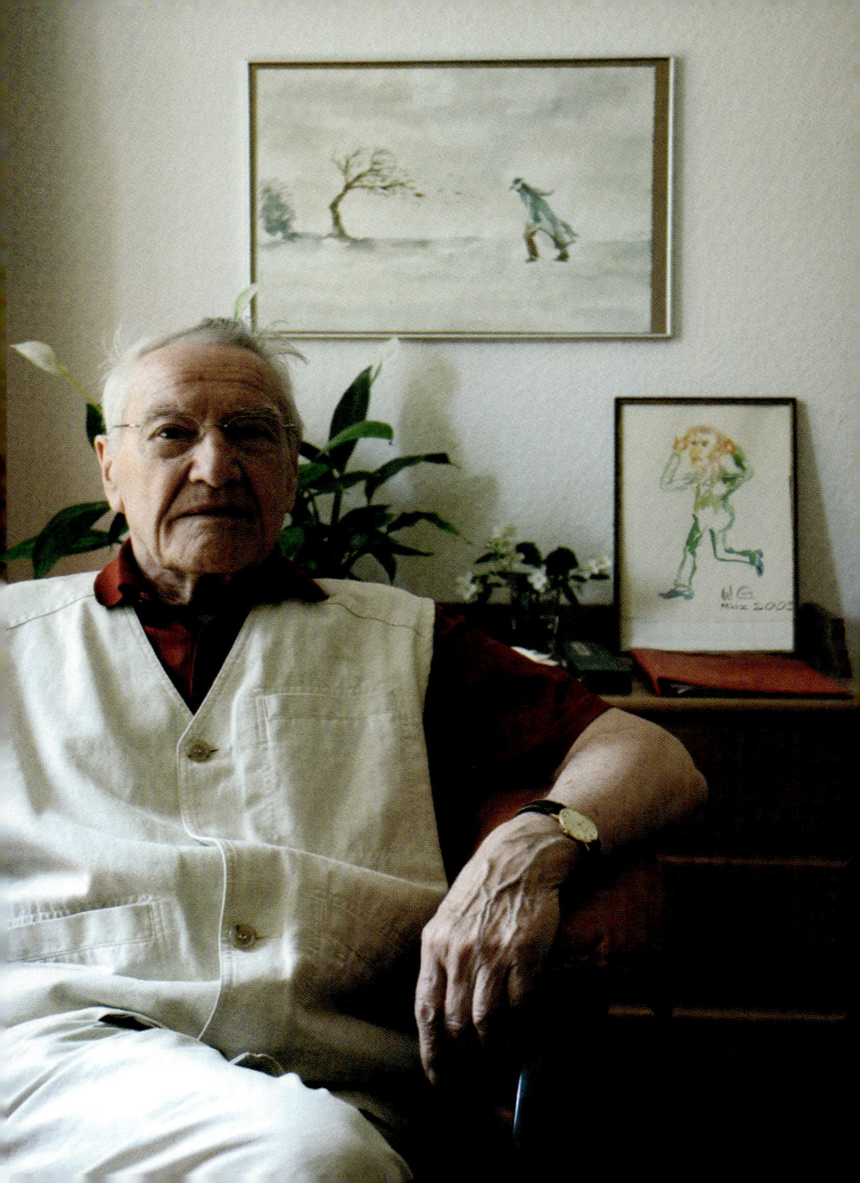

kein Gedächtnis mehr gibt? Wer trägt uns, zeigt uns den Weg, gibt uns den Abschiedskuß?

Warum Demenz und Gedächtnisverlust? Was ist Erinnerung? Gibt es einen Anfang, dürfen wir nach dem Ende fragen? Wo schließt sich der Kreis?

Die Geschichte von Herrn G. stellt mich vor Hunderte von Fragen. Sie befinden sich mit mir in seinem Zimmer in einer Wohngemeinschaft für Menschen mit Demenz und schauen sich um. Sie suchen in den vielen Zeichnungen, in den Aquarellen an den Wänden, sie suchen in seinem Gesicht. Sie erfahren, daß es Wandlungen gibt, die uns unserer Sterblichkeit näher bringen, sie begreifen, daß Altbekanntes immer wieder neu sein kann, sie nähern sich Frau G., die neben mir steht, um mit ihr die Reise in die Vergangenheit anzutreten. Ich schließe mich an auf der Suche nach Antworten.

Herr und Frau G. lernten sich in den 50er Jahren im Osten Berlins kennen. Beide hatten verschiedene Sprachen studiert, waren weltoffen und begeisterungsfähig. Sie wußten, daß sie sich nur dort zu Hause fühlen würden, wo sie in aller Ungezwungenheit Freundschaften schließen konnten, die weder Achtungsverlust, noch Stagnation befürchten lassen müssen.

Ihre eher unkonventionell besiegelte Eheschließung sollte Basis sein für eigene persönliche Entwicklungen und gegenseitigen Respekt. Sie fürchteten, dieses Ideal in den autoritär-diktatorischen Strukturen der DDR nicht leben zu können, in einer unerträglichen Enge festgenagelt zu werden.

Es folgte Ende der 50er Jahre der Entschluß, dieses Land zu verlassen, um sich eine völlig neue Umgebung zu erschließen, sich beruflich zu etablieren und eine Familie zu gründen.

Während der Zeit im Rheinland öffnete sich ihnen ein weiteres Tor zu Welterfahrung und Distanz: die Chance, als Sprachlehrer im Ausland zu arbeiten. Es entstand eine wesentliche Horizonterweiterung, die für die ganze Familie prägend werden sollte.

Doch eines blieb, die unstillbare Sehnsucht nach Veränderung, die sie später auch zur Übersiedlung nach Niedersachsen drängte.

Eine von ihnen gewählte Stadt im Niedersächsischen zog in den 60er Jahren Menschen an, die sich als Impulsgeber, als Pioniere verstanden, die unkonventionelle Lebensentwürfe und Mut zum Experimentieren hatten.

Hier Lehrer zu sein, war sowohl die Möglich-

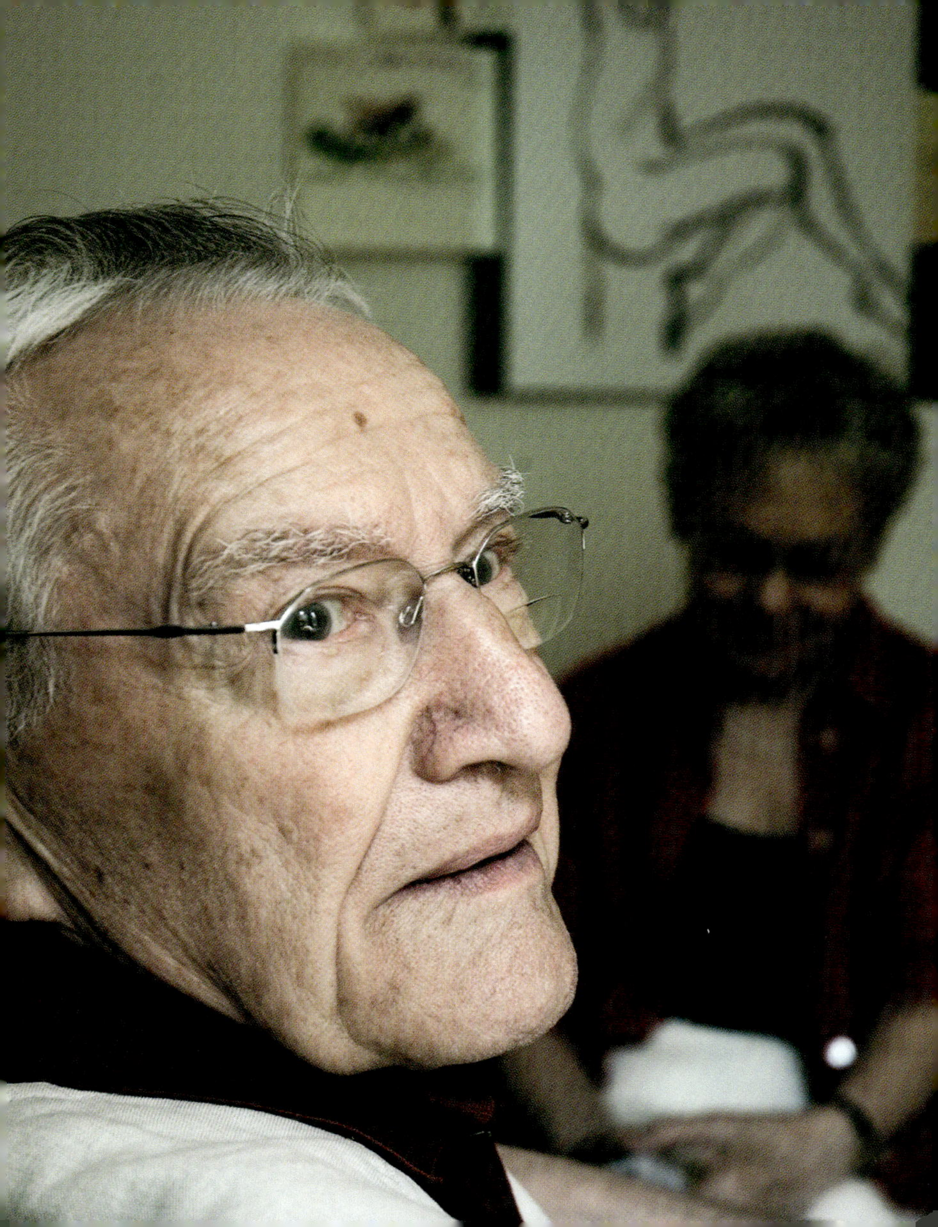

keit, vorauszudenken und Freiräume zu gestalten, als auch die Vielfalt menschlichen Seins und sich selbst zu erfahren.
Hier wurden ihre Kinder erwachsen, brachten Menschen und Ideen ins Haus, knüpften mit an einem vielfältigen Netz von Zusammenhängen und Freundschaften. Über 30 Jahre war diese Stadt offener Unterstand für den Sommer ihres Lebens.

Später - mit der Rückkehr nach Berlin folgten sie dem Ruf nach Heimkehr, nach Rückverbindung, der Frage nach dem Woher. Es gab wohl auch die Notwendigkeit, dort anzuknüpfen, wo Unvollendetes nach ihnen rief. Mit Sicherheit stand Berlin auch als Symbol neu erwachenden Lebens, für die Lust nach Kunst, nach Kultur, nach Reisen.
Dieser neue Lebensabschnitt war der Beginn ihres gemeinsamen Herbstes. Eine Zeit, verbunden mit Wehmut und Abschiednehmen, mit der Gelegenheit, Einkehr zu halten, stiller werdende Tage zu genießen.
Für Herrn G. wuchs das Bedürfnis, sich wieder intensiver, auf eine neue Weise der Welt der Farben und Formen zuzuwenden. Er hatte ein Leben lang mit Begeisterung gemalt und gezeichnet. Die Lebendigkeit der unzähligen Zeichnungen zeugt vom Reichtum seiner inneren Bilderwelt.
Der schöpferische Proceß des Malens erleichterte es ihm, sich zurückzuziehen, innezuhalten. Nach und nach verändert sich sein Kontakt zur äußeren Welt. Vielleicht sind es nicht mehr die Dialoge, sondern die Monologe, die er führt. Zunehmend vergißt er, was es noch zu sagen gäbe. Seine späten Zeichnungen und Aquarelle erzählen ihre eigenen Geschichten, sind Abbilder, Zeugen seiner inneren Auseinandersetzungen, seiner verzweifelten Kämpfe. Auf seinen Bildern beginnen sich langsam die Konturen zu verwischen, die Farbe dominiert. Sein Leben lang verständigte er sich mit Worten, brachte es zur Meisterschaft. Eine Vielzahl von Begriffen umgab sein Leben. Jetzt liegen sie verstreut wie in einem Labyrinth, in dessen Wirrwarr er sich zunehmend verirrt. Er findet den Zugang nicht, hat den Ausgang vergessen, den roten Faden verloren.
Die Sprache seines Körpers zeigt seine verzweifelte Suche nach Worten, nach Möglichkeiten, sich Luft zu machen, sich mitzuteilen, um sich zu spüren, den Anderen nahe zu sein.

Wie weit, wie einsam kann unser Weg sein? Wie weit kann er wegführen von den naheste-

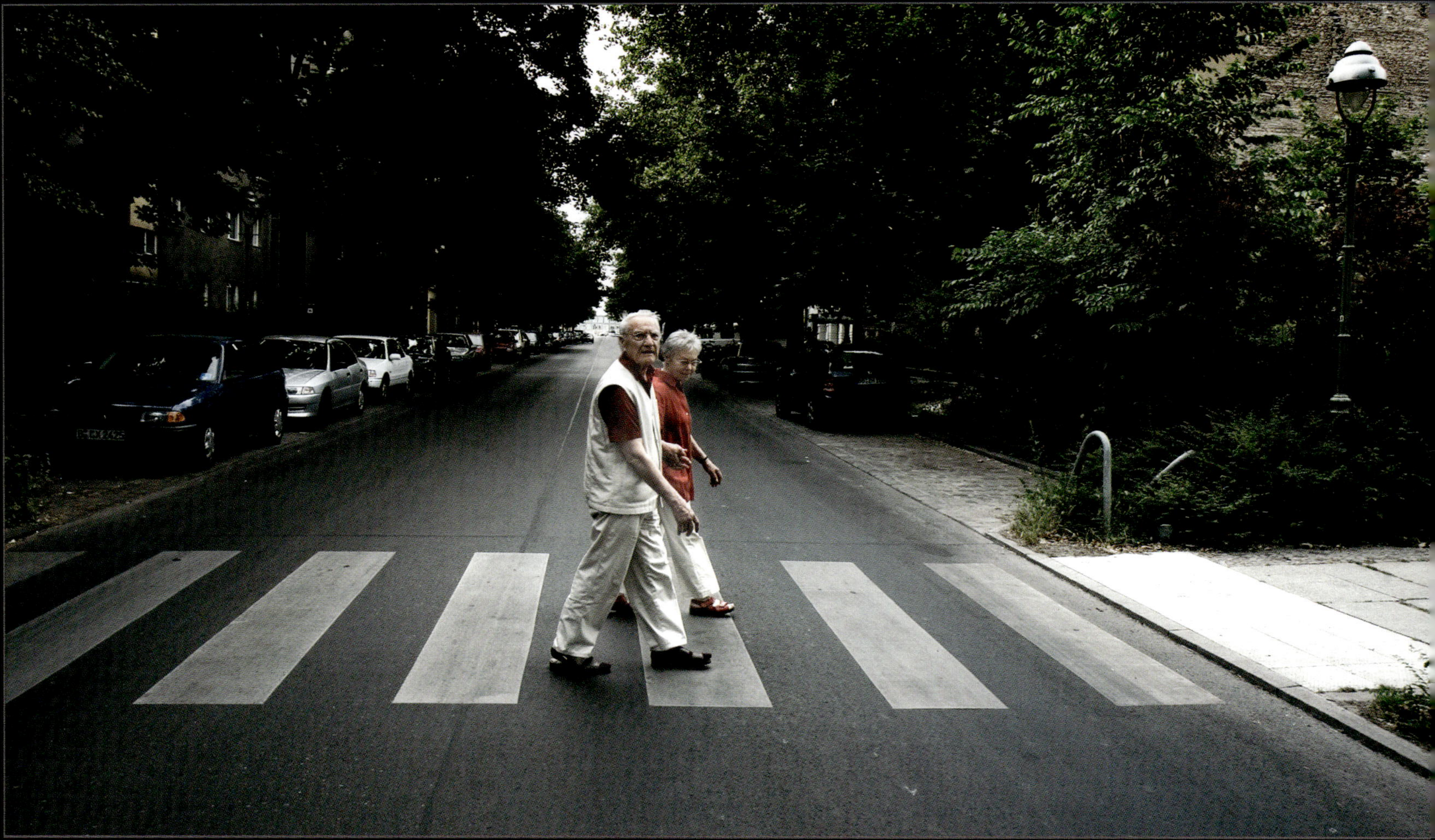

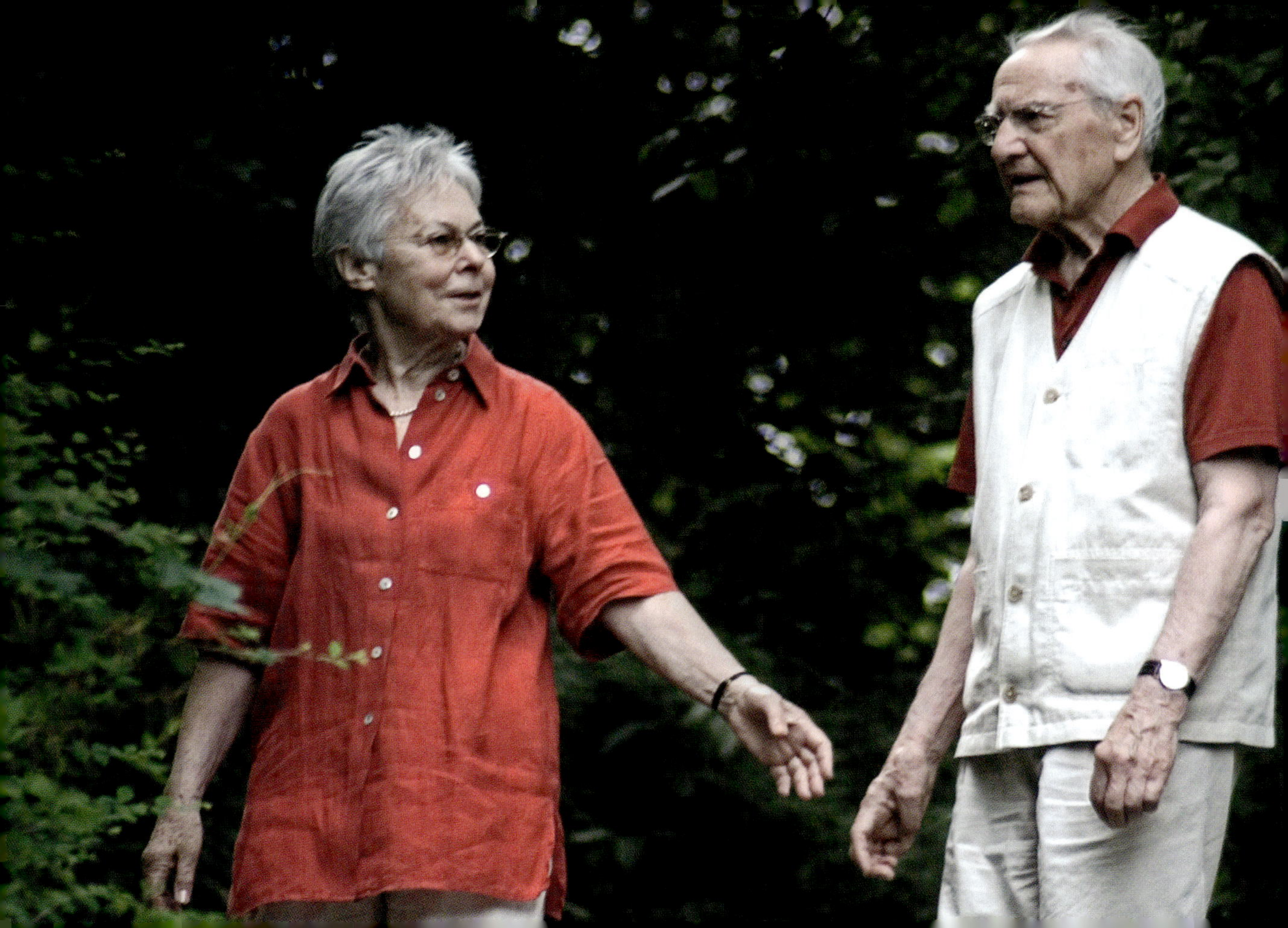

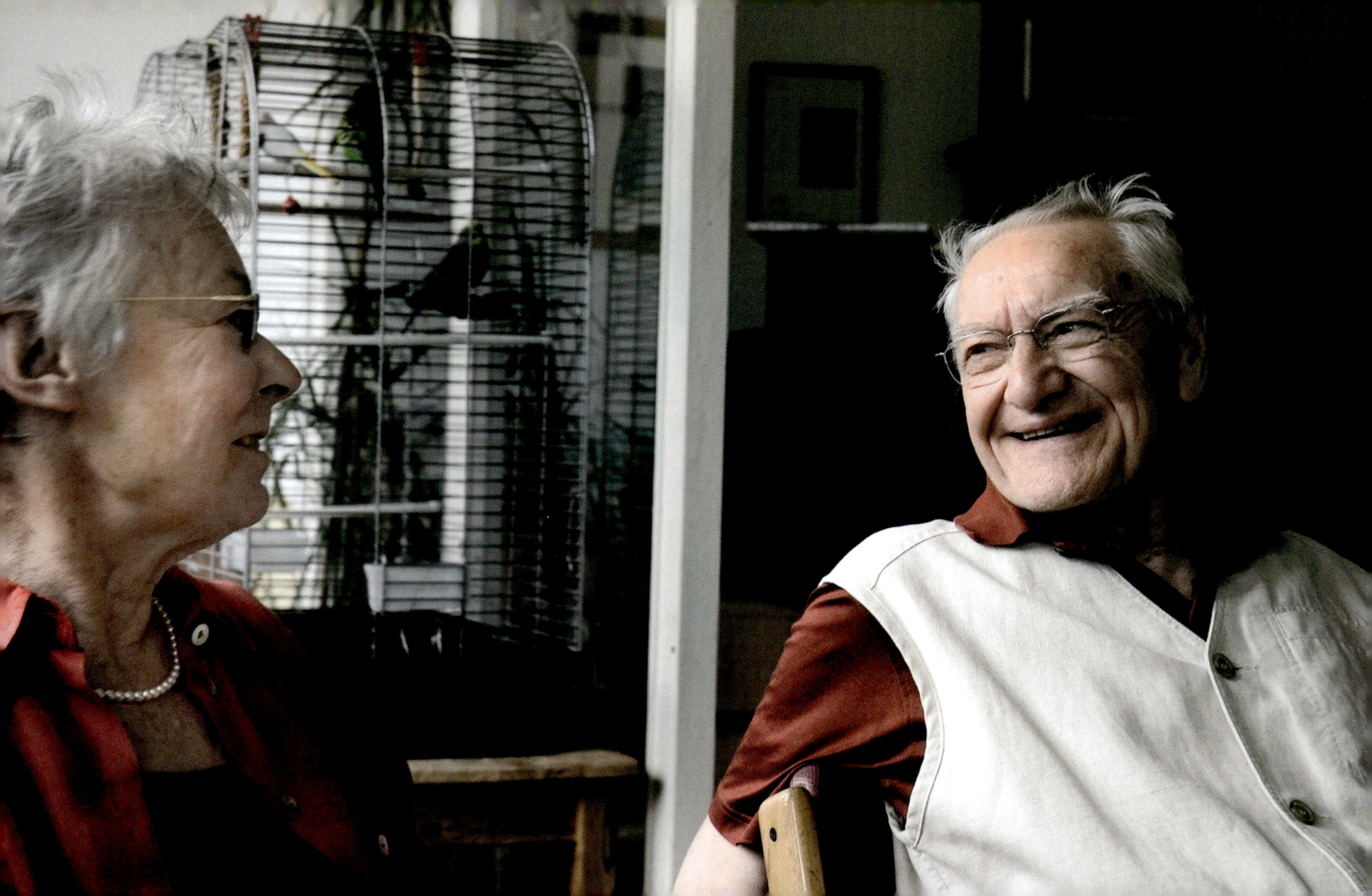

henden, vertrauten Menschen? Es ist kein Weg mehr, der dem eigenen Willen folgt. Wir sind nicht mehr die Dirigenten unseres Orchesters. Unheimlich erscheint dies für die uns begleitenden Personen.

Frau G. unternimmt den Versuch, Worte zu finden, für das so Unfaßbare, für die Zeit, in der sich schleichend das Vergessen den Raum nimmt, den wir ihm nicht geben wollen und schließlich Besitz ergreift von unserem Leben. Sie spricht davon, wie Hilfestellung nötig wird, um ihrem Mann über Gedächtnis- oder Sprachausfälle hinweg zu helfen, um ihm die Peinlichkeit der verzweifelten Suche nach Worten zu ersparen. Sie beginnt zu lernen, um Hilfe zu bitten, wenn sie keine Kraft mehr hat.

Sie erinnert sich an Zeiten, da sie tief berührt und doch fassungslos vor dem stand, was allzu menschlich, aber so schwer zu akzeptieren ist, daß wir nie wirklich Herr der Dinge sind.

Sie beschreibt es als "Ironie des Schicksals", nicht daran gedacht zu haben, wie es wäre, wenn einem von ihnen der Verstand, die Sprache, das Denken verloren geht!

Dabei hatten sie sich in "gesunden" Tagen immer wieder gefragt, wie sie sich im Alter verhalten würden, wenn einer von ihnen hinfällig, pflegebedürftig wäre. Sich für den Anderen "aufzuopfern", hatte für sie wenig mit Liebe und Freiwilligkeit zu tun, davon wollten sie sich gegenseitig entbunden wissen. Frau G. vermag nur anzudeuten, wie unendlich schwer es für sie ist, diesen Grundsatz in die Praxis umzusetzen, daß es ein langer, schmerzhafter Prozeß ist.

Auch alle anderen Fragen, die mit uns im Raum stehen, fangen an zu drängeln, blasen sich auf, verlangen nach Beachtung und Gehör. Sie nehmen uns die Luft, um uns in die Ecke zu drängen. Ich kann nicht mehr ausweichen. Sie schreien mir ins Angesicht.

Inwieweit kann ich überhaupt alles vorweg denken?

Wann muß ich geschehen lassen, muß mich beugen?

Sind gemeinsame Ideale lebbar? Sind sie menschlich? Wie lange aber? Wann werden sie zur Fessel? Wann zum Freiraum?

Und was heißt Menschsein, Freisein überhaupt?

Das Abgründige, das Verwirrende, das Unfaßbare, was mir begegnet, was mir die Luft nimmt, sind nicht die unbeantwortbaren Fragen, ist nicht der Mensch, der keine Worte

13.5.05

Wozu ist ein ReRRz
Frage = mancher Rez gut?
Auf der Weld.
G
29.-10.-20

Wer hat Ameisenkinder
schon noch sechs Tage?
Beispiel... geschwinder
Krops auf dem Pol
Ameisen Kinder liegt
Der betrügt. nämlich

Ameisenkinder

Lämmt Kännt die Welt noch nicht

Ach, meinen Lieben, Sache ganz Kleine – Der liegt
Der lügt, auch betrügt nämlich Keine
Es ist ja noch ein Kind. Blume vom Wind zerre erschren

Ein Lämmlein Kennt die Welt nochtwird zerrüft.
Es ja noch ein Kind, mit staunem Gesicht
Die Blume wird vom Wind zerrupft. So geht
Zu Mutter Schaf gehüpft. Eine wieder guter
Amsender. Kinder die Ameisenkinder, ganz kleine
Der betrügt.

W   G
Pit in sngle
2005

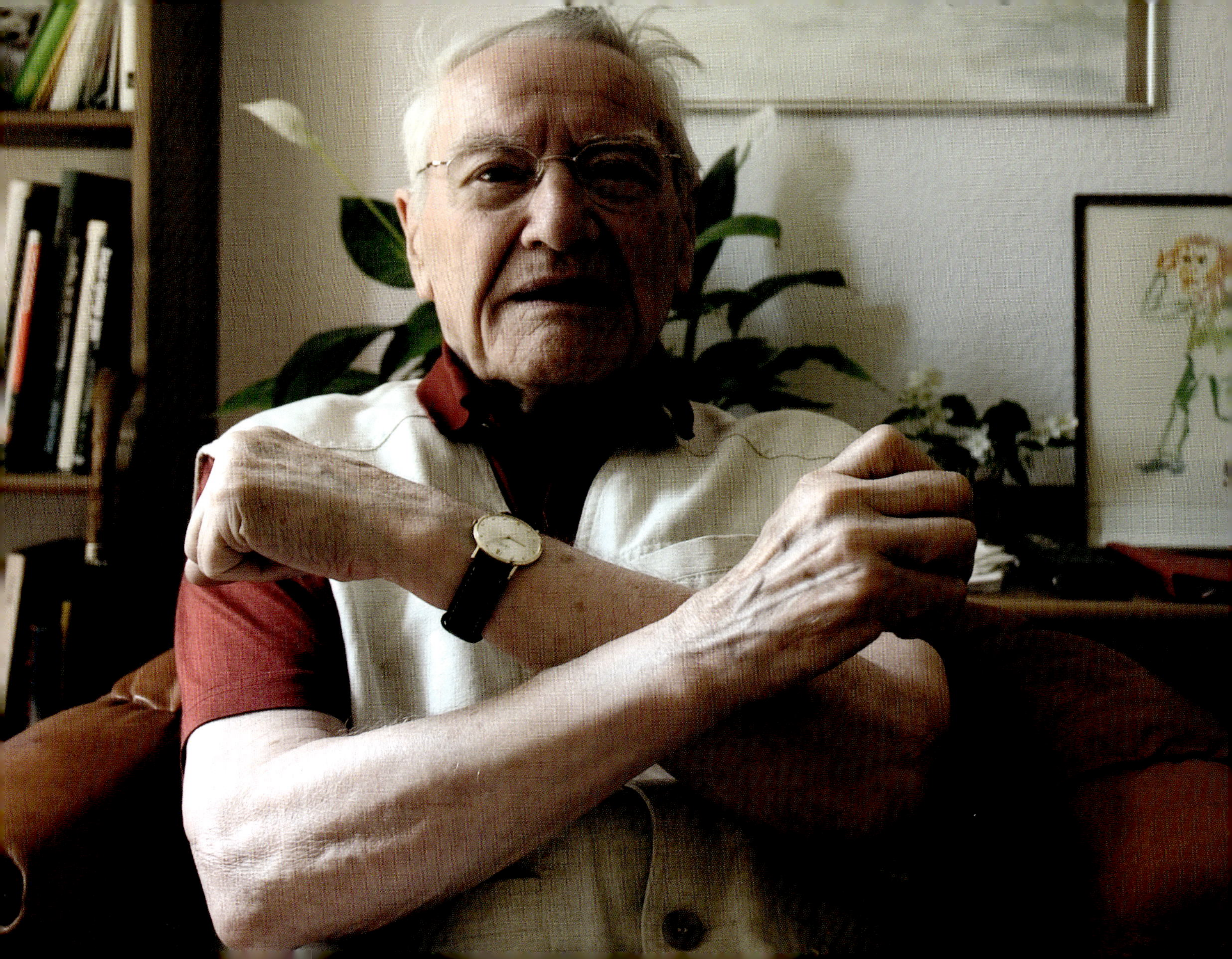

mehr findet. Es ist meine eigene Unsicherheit, es sind tief verborgene Ängste, die dunklen Kämmerchen in mir, die ich noch nicht zu betreten gewagt hatte.

Frau G. läßt mich Anteil nehmen am Prozeß ihrer inneren Begegnung mit sich, mit ihrem Mann. Ich bin gerührt. Viel Leid, viele Tränen, viele innere Zwiespälte begleiten sie. Es ist ein langer Weg, auf dem ihr vertraut und liebevoll Erinnerungsbruchstücke ihres Lebens begegnen.

Sie können ihr ein Lächeln entlocken, wenn plötzlich heimliche, liebevolle Kosenamen über seine Lippen streichen. Sie wird zutiefst ergriffen, wenn er gestikulierend Gemeinsames zu artikulieren versucht. Und immer wieder gibt es Situationen absurder Komik, die von allen Umstehenden verstanden werden, sie in ein unbeschwertes, befreiendes Lachen ausbrechen lassen.

Es ist ihr Weg, ihr gemeinsamer, von dem sie mir erzählt, der ihr Leben geprägt hat und sich wie ein roter Faden durch die Jahre zieht, sie beide miteinander verbindend.

Es ist Herbst. Frau G. erfährt ihn auch als Hoffnung auf innige Begegnungen mit Büchern, mit Musik, mit Gesprächen unter Freunden. Es gab lange Spaziergänge am Meer. Das Gefühl, allein zu sein, wird sie noch lange begleiten, es wird kalt werden. Die eher stillen Stunden bei ihrem Mann in der Wohngemeinschaft sind Lichtpunkte in den dunkler werdenden Tagen. Es wird November. Kerzen, wärmende Tees und seine offenen Hände werden sie über den Winter geleiten.

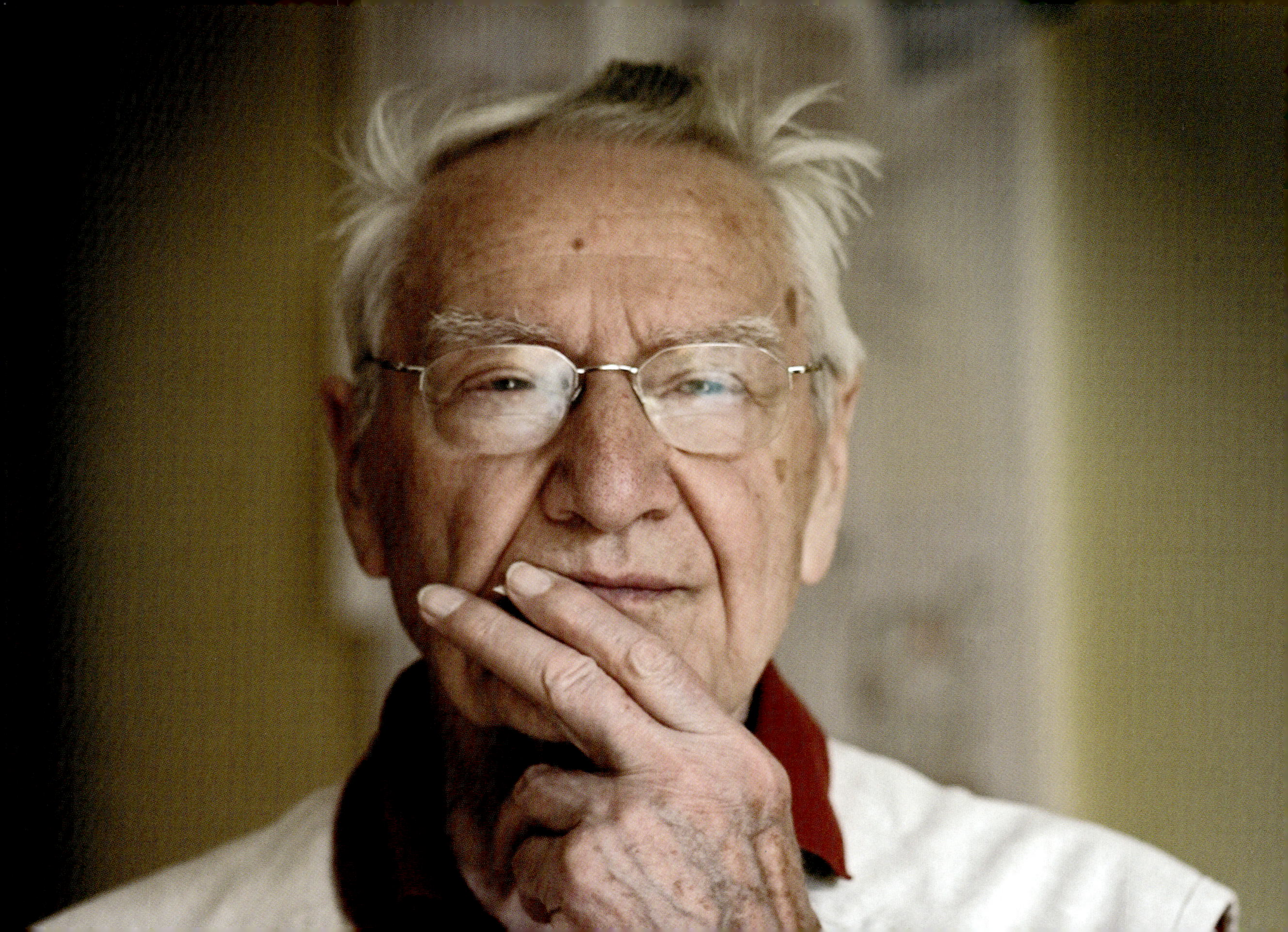

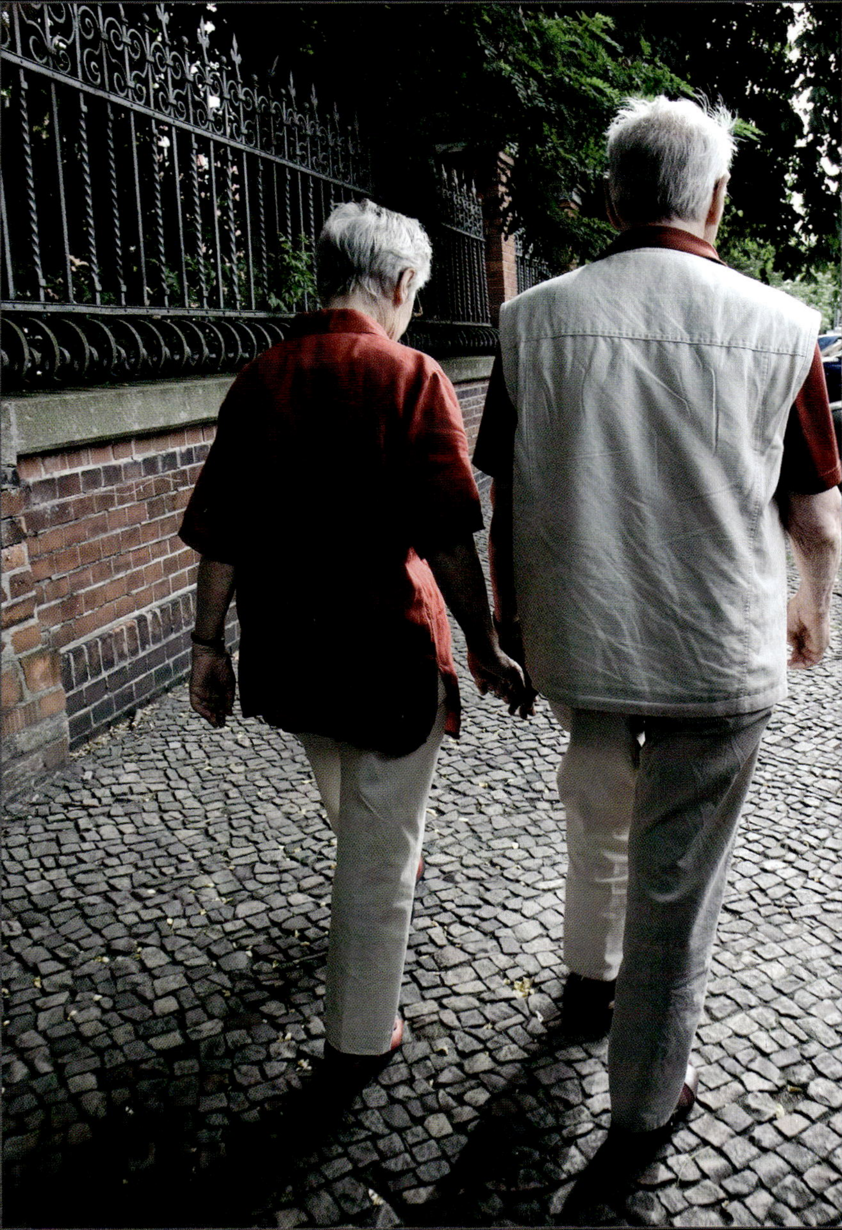

Gezeiten des Liebens

Und sie lebten glücklich bis an ihr ...

Wie tief uns Märchen, mit dem Sieg des Guten über das Böse, der Suche des Helden nach seiner Auserwählten, der Erfahrung, daß nicht immer der Stärkere, der Schönere gewinnt, auch zu berühren wissen, es bleibt die Frage, wie lebbar sie in unserer Zeit sind und meist die scheinbar schlüssige, reale Feststellung: es sind ja nur "Märchen". Dies kann aber über die verbleibende, tiefe Sehnsucht in uns nicht hinwegtäuschen, die verbunden ist mit der stillen Hoffnung, lang gehegte Wünsche, Träume von Glück und Liebe mögen sich wie im Märchen auch für uns erfüllen. Wir werden getrieben, mitunter ein Leben lang, zu suchen.

Schauen wir uns um, erfahren wir, daß unser Weg, unsere Suche nach Erfüllung eher begleitet zu sein scheint von schmerzhaften Trennungen, von Trauer, Einsamkeit und ohnmächtiger Wut. Wir werden konfrontiert mit einer Vielzahl von Ängsten, mit Enttäuschungen, mit Schmerzen. Behutsam und nur sehr zögerlich wird uns Einlaß gewährt in eine Behausung, in der wir in aller Stille einer Stimme lauschen können, die uns sehr vertraut ist, jedoch noch unverstanden bleibt. Wir beginnen ihrem Ruf zu folgen, der aus den Tiefen unserer Vergangenheit kommt, aus den vielen, so unruhvollen Nächten, aus unserer eigenen Dunkelheit. Wir beginnen die Stimme zu erkennen, sie, die uns geführt hat, wenn alles aussichtslos erschien, wenn wir den roten Faden verloren hatten, uns selbst im Wege standen.

In den Märchen beginnt der Weg, die Suche des Helden meist mit scheinbar unüberwindlichen Hindernissen. Es sind die zu lösenden Rätsel, die zu überwältigenden Herausforderer, die zu knackenden Nüsse, die ihn in Versuchung führen, ihn prüfen wollen, ob er reif genug ist. Reif genug, in die eigenen Abgründe zu blicken, sich dem "Größeren" zu beugen, sich dienend selbst zu geben.

Bei dieser so gefahrvollen Suche wird er begleitet von der ihm so vertrauten Stimme, sie raunt ihm Unverständliches zu, sie lenkt seine Schritte, sie hilft ihm, den Weg und sich selbst zu finden. Seit seiner Geburt kennt er sie und er braucht mitunter ein Leben lang, um sie zu verstehen. Wir versuchen ihr Namen zu geben: "Intuition", "göttliche Stimme", die Stimme unserer Ahnen. Wie wenig aber vermögen diese Worte, Begriffe auszudrücken in Anbetracht der Vielfalt, der Bedeutsamkeit, der Unermeßlichkeit ihres Wirkens. Wir folgen ihrem Ruf und nähern uns der Quelle, die uns zurückfinden läßt, die die Anbindung an alles ist, was vorher war, die uns die Angst nimmt und uns

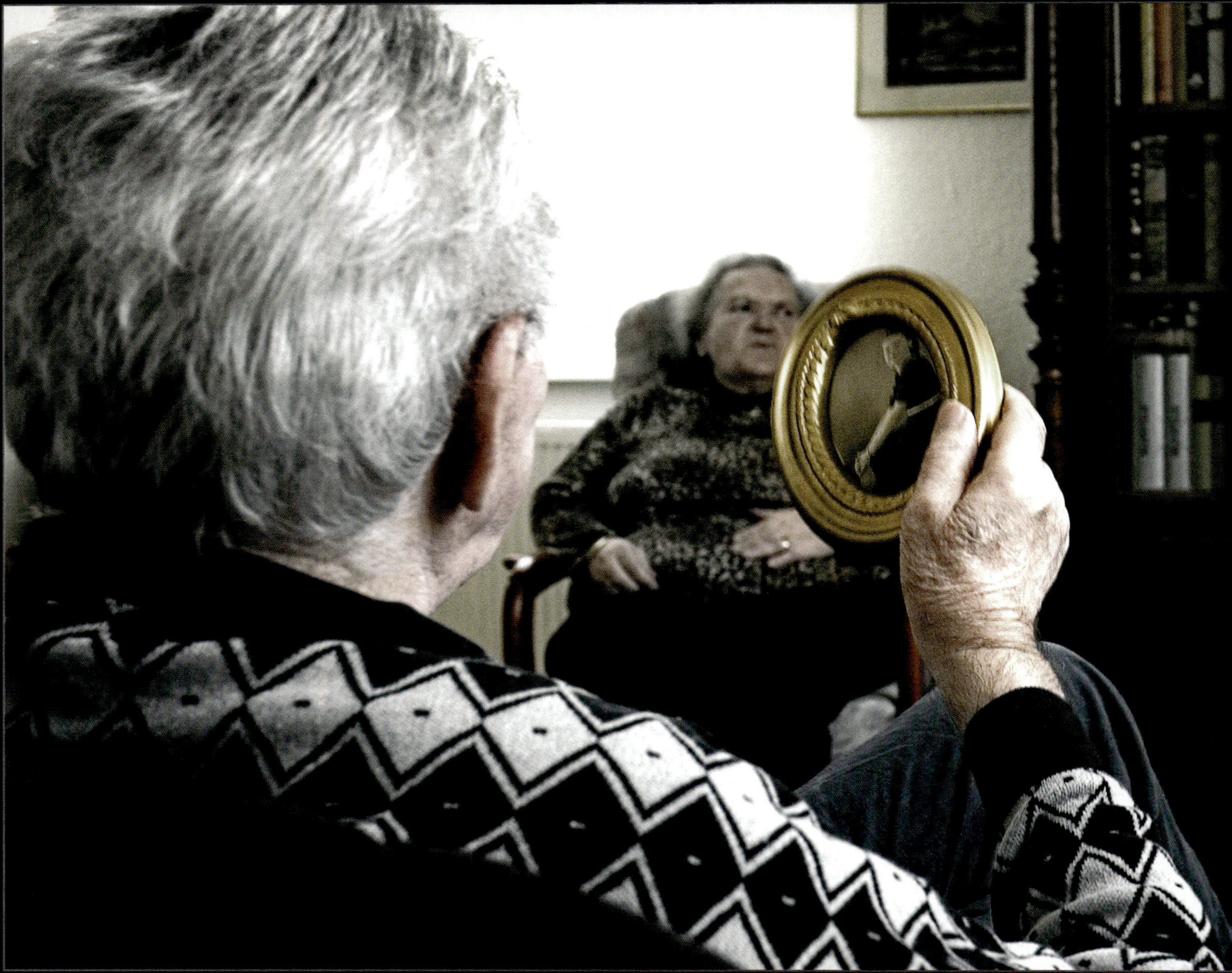

heimführt. Getrenntsein und Rückverbindung, Abschied und Neubeginn geben sich die Hand. In Erwartung auf die "heiß geliebte Prinzessin", "Reichtum" und "Glück" setzen auch wir uns Gefahren aus, begeben uns in den Fluß des Lebens.
Gleichnisse aus unseren Märchen sind mitunter so maßgeschneiderte Kostüme für vielfältigste, eigene Lebensgeschichten. Sie passen auf Anhieb.

So scheint es auch mit der Geschichte von Herrn und Frau J. zu sein. Beide leben jetzt in einer Pflegegemeinschaft für Menschen mit Demenz in der Schönholzer Heide in Berlin. Ich treffe mich dort mit einer ihrer Töchter in einer freundlichen, offenen Atmosphäre. Sie versteht es, mit wenigen Worten und sehr einfühlsam das Knäuel des Lebens ihrer Eltern zu entwirren und mir den roten Faden in die Hand zu geben.
Die Biographie ihrer Eltern ist für mich auf den ersten Blick exemplarisch für viele junge Familien einer bestimmten Zeit in der ehemaligen DDR. Dabei erinnere ich mich auch an auffallende Ähnlichkeiten zum Leben meiner Eltern.
Beide wurden in den 20er Jahren geboren. Herr J., ältester Sohn einer Familie aus dem ostelbischen Raum, begegnet nach Kriegsende dem jungen, hübschen Mädchen Karoline. Sie ist die Tochter einer Köchin in herrschaftlichem Hause. Hier wächst sie als Einzelkind, als wohl behütetes "Püppchen" auch der zu bekochenden Herrschaft ans Herz. "Höhere" Bildung, entsprechende Manieren sollen sie vorbereiten, in "bessere Kreise" einzuheiraten.
Doch es kommt anders. Karoline verliebt sich in den fünf Jahre älteren Gerhard J., der aus eher einfachen Verhältnissen stammt. Er vermag sie mit seinem Charme, seiner natürlichen Herzlichkeit zu verzaubern und darf sie 1947 zum Traualtar entführen.
Frau Karoline J. weiß, daß er der Auserwählte ist, ihr Herz sich nicht irren kann. Sie spricht zu ihrer Mutter von "Liebesheirat" und hatte sie damit überzeugt. Die junge Familie kann der Mutter einen Platz an ihrer Seite einräumen, sie folgt ihnen ein Leben lang, wird als Großmutter die "gute Seele" einer stetig wachsenden Familie.
Herr J. begann Anfang der 50er Jahre, sich als gelernter Autoschlosser erneut auf die Schulbank zu setzen. Nach abgeschlossenem Landtechnikstudium war er viele Jahre als Betriebsleiter in ausgefüllten, verantwortungsvollen Stellungen tätig. Ehrgeizig, strebsam und doch sensibel genug für die Belange seiner Mitar-

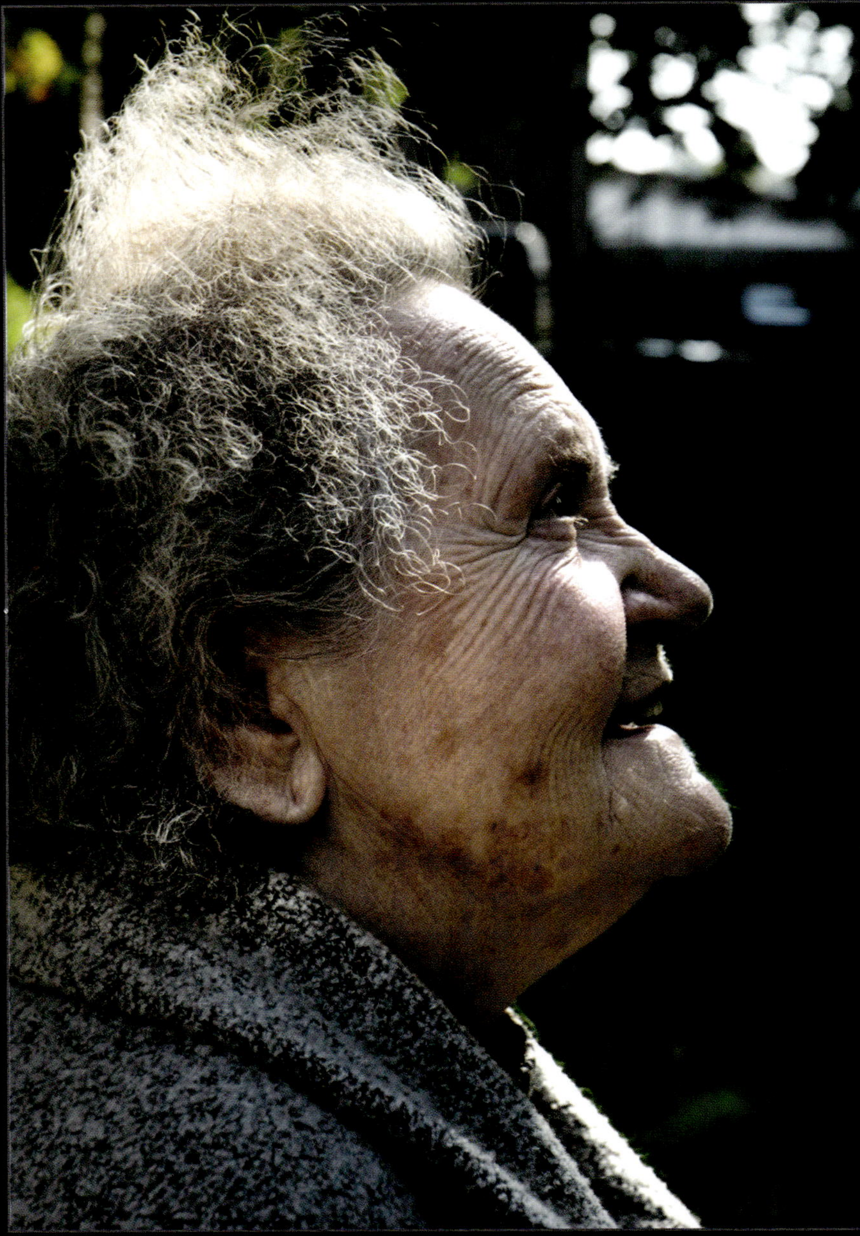

…n er das sagt, kriegt er
…ge Mäuschenaugen!"

beiter war er überzeugt, "Gutes" zu tun. Er war Idealist und wie viele in dieser Zeit, Parteigenosse. Der "Guten Sache" und der Arbeit galt sein Hauptaugenmerk. Frau und Familie kamen dabei oft zu kurz.

Frau J. war ausgefüllt durch Tätigkeiten in Büro, Bibliothek und Rathaus. Zu Hause bemühte sie sich um die nötige Ordnung und fand Gefallen an Geselligkeit. Für die 3 Kinder war vor allem die Großmutter zuständig. Sie sorgte für die nötige Geborgenheit, ein warmes Mittagessen und hielt den behütenden, weichen Schoß bereit. Sie hatte für jede Art von Kummer ein Trostpflästerchen. Sie schürte das Feuer im heimischen Herd, war Mittelpunkt des familiären Lebens.

Zeit für intime Zweisamkeit verblieb für Herrn und Frau J. kaum. Eher gab es Auseinandersetzungen, Mißverständnisse. Hilflos standen sie sich selbst und dem Anderen gegenüber. Oft genug fühlte sich Frau J. zurückgesetzt - das Leben drehte sich um seine Bedürftigkeiten, seine Arbeit, um ihn.

Viel später erst, als die Kinder bereits aus dem Haus sind, Herr J. dem Rentenalter näherrückt, beginnt sein Leben familiärer, geruhsamer zu werden.

Die Kinder nehmen ihn nicht mehr nur als den distanziert - korrekten Vater wahr, sondern bemerken ein Aufflackern seines inneren Strahlens, eine Seite von ihm, die er lange nicht zulassen konnte, die Herzlichkeit und Wärme hinter einer harten Schale durchblicken läßt. Sein Leben begleitet nicht mehr so sehr der Wunsch, die Kinder möchten gesellschaftliche Anerkennung erfahren, sondern zunehmend die Sorge, sie könnten nicht glücklich sein.

Mit fortschreitendem Alter werden die Tage gleichförmiger, leerer. Er fällt in ein Loch, es will gestopft werden. Jahre, Jahrzehnte waren gefüllt mit Arbeit. Es gab keine Zeit und Gelegenheit für Hobbies, für Spiel und Spaß, für Gemeinsames.

Herr J. erfährt, daß viele seiner Mitstreiter für "die gute Sache" der Partei umgeschwenkt sind. Seine Visionen, seine Rolle, Identifikationen mit seiner jahrzehntelangen Tätigkeit lösen sich auf, entgleiten ihm. Er muß sich selbst neu finden.

In den Jahren seiner beginnenden Demenz wendet er sich wieder intensiver seiner Frau zu. Er entdeckt seine "verlorene Prinzessin". Ihre Beziehung zueinander, er selbst, wird zunehmend weicher, gütiger, herzlicher. Ohne zu beachten, was das Umfeld denkt, kann er seine erneut erwachende Liebe nähren, sich hinge-

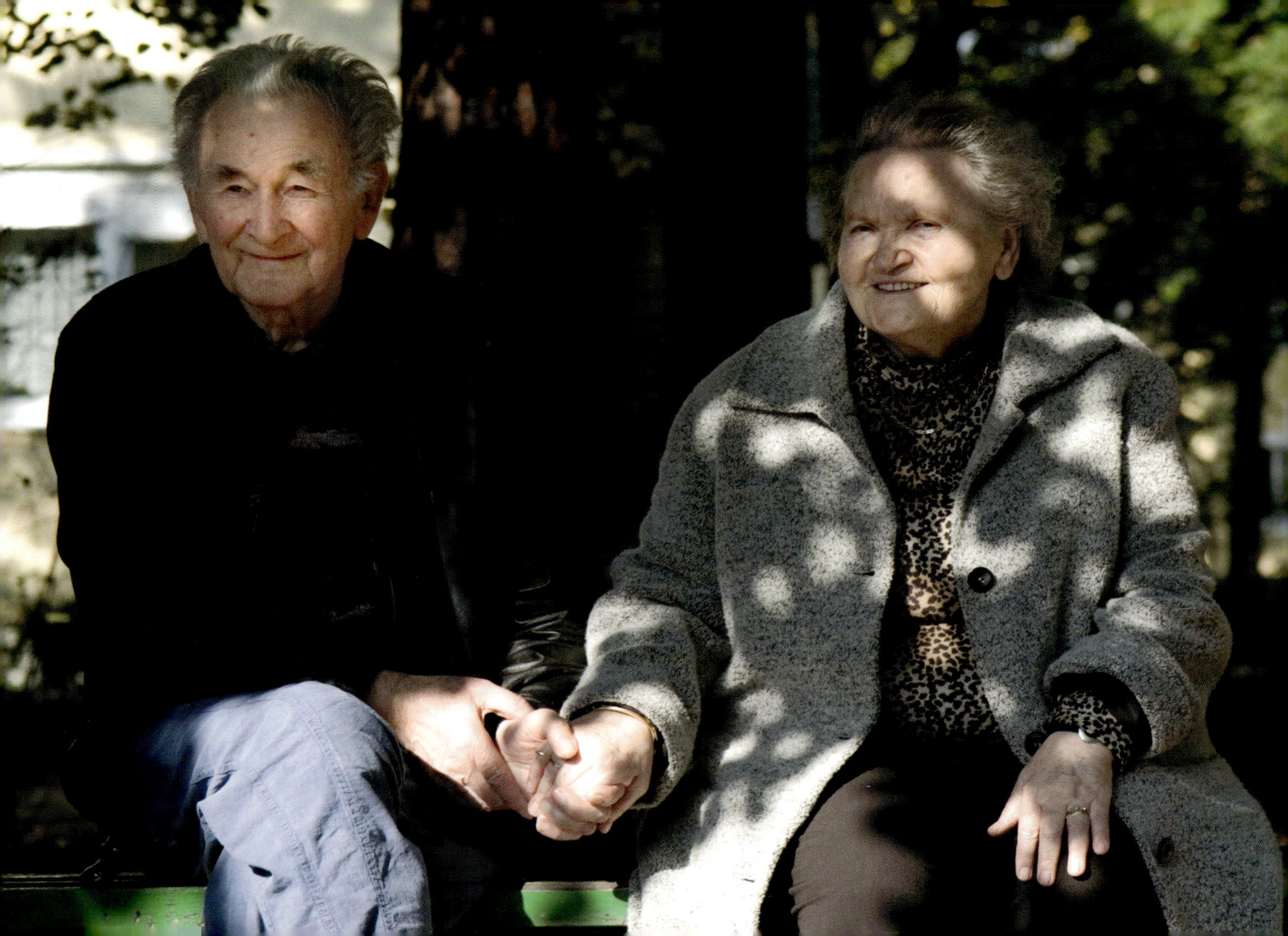

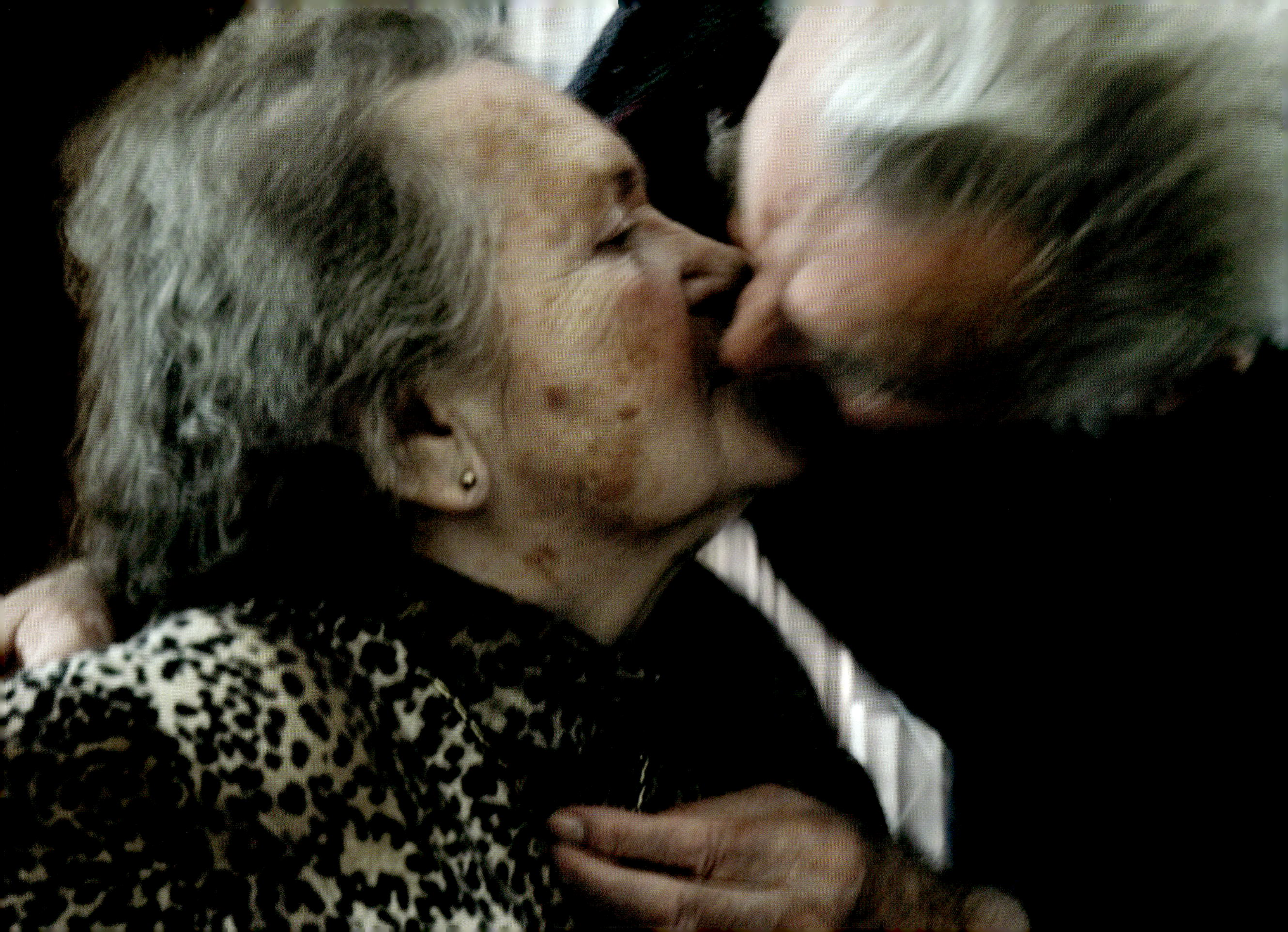

ben. Dazu hält er seine ganz eigenen Lösungen bereit. Er spaltet seine Frau in die "Gute" und die "Böse". Er liebt und beglückt die eine - die Weiche, die Zärtliche, die Sichihmzuwendende. Ganz rigoros äußert er den Willen, das Zimmer zu verlassen, falls die Andere - die Zurechtweisende, die Eigensinnige, die Sichabwendende in der Tür steht.
Viele selbstauferlegte Hemmungen und Verhaltensregeln gelten nicht mehr, Schranken sind gefallen, seine Augen leuchten. Er hört seine innere Stimme wieder, scheint einem wohlbekannten Licht folgen zu können. Es liegt Stille, etwas wunderlich Ergreifendes in der Luft.

Herr J. stellt mir seine Frau vor: "Das ist meine Geliebte!" Lächelnd erwidert Frau J.: "Wenn er das sagt, kriegt er richtige Mäuschenaugen!" Ich sehe den Schalk in seinem Gesicht und auch die Ruhe, die eingekehrt ist. Er wirkt entspannt, sein Blick wendet sich immer wieder seiner Frau zu.
Die körperliche Nähe des geliebten Menschen, die Gelassenheit, sich dem Fluß des Lebens hinzugeben, Gefühlen und Erinnerungen den Raum zu lassen, Stille zu erfahren, ist ihre Art gelebter Zweisamkeit.

Sie haben "vergessen", daß sie einem äußeren Bild folgen müssen, ständig eigene Bedürftigkeiten zu befriedigen haben, daß es gilt, Korrektheiten walten zu lassen. Sie nehmen sich bei der Hand und gehen. Sie folgen ihrer inneren Stimme, sie werden von ihrem Gesang geleitet.

Für sie hat die Suche nach dem Prinzen, der Prinzessin ein Ende gefunden, sie sind angekommen. Nun brauchen sie Menschen, die verstehen, sie ernst nehmen, durch den Alltag geleiten und ihnen die Möglichkeit geben, in ihrer Art zu sein. Ihr Alltag ist ausgefüllt mit gemeinsamen Spaziergängen, schweigendem Beieinandersein, Stille.
Sie sind sich wieder begegnet, erfahren Liebe, Erfüllung, Nähe durch den Anderen. Sie sind der Spiegel des geliebten Gegenüber, sich selbst genug. Ihr Weg führt nach innen, es ist leichter, ihn gemeinsam zu gehen.

Mir bleibt, mich an den großartigen Arzt, Naturphilosophen und Alchemisten Paracelsus zu erinnern, der schon vor Jahrhunderten Folgendes dazu formulierte: "Die beste Arznei für den Menschen ist der Mensch. Der höchste Grad an Arznei ist die Liebe!"

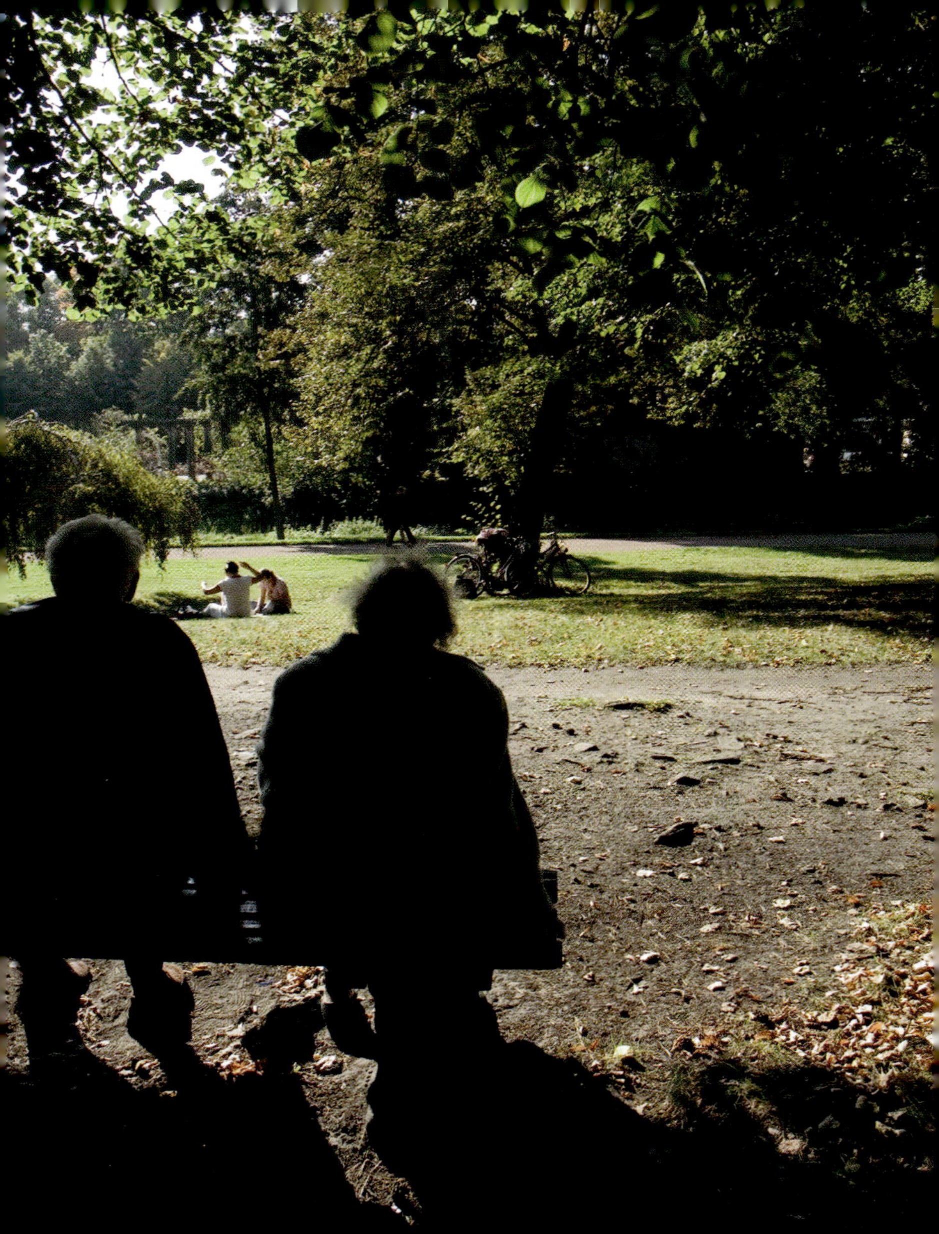

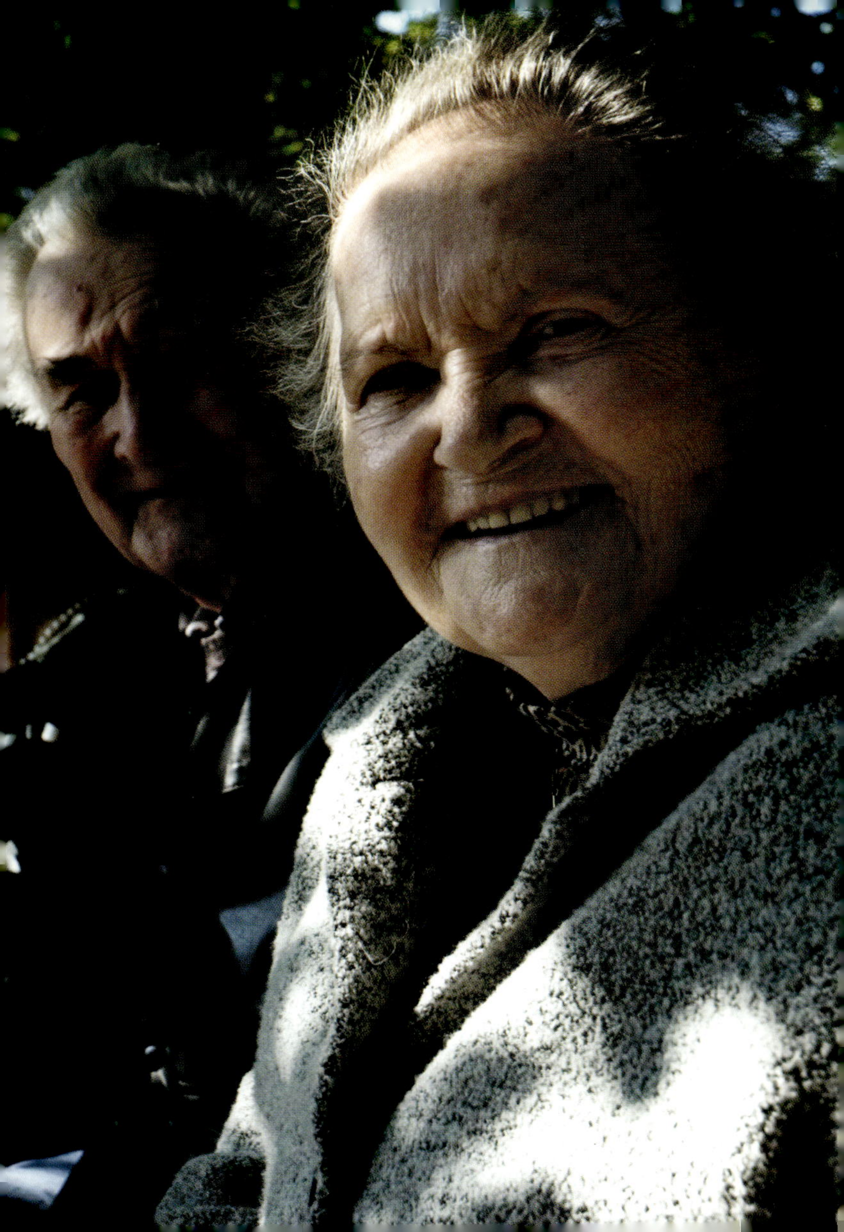

In
Erinner[ung]

an das Glück der
kleinen Augenbli[cke]

Das Frühjahr kam und lockte - nicht nur die Nachtigall, auch meine Mutti. Aber nur besuchsweise durften wir mit ihr auf dem Lande bei uns rechnen. Sie wollte den Vögeln lauschen, die zunehmende Farbigkeit im Garten betrachten, sich sanft von den ersten wärmenden Sonnenstrahlen über das Gesicht streicheln lassen. Nicht mehr! Ihre lebenslange, kaum zu stillende Sehnsucht nach Sonne, frischer Luft und Wasser, den ihr wohlvertrauten Menschen und Tieren, hatte nie ganz nachgelassen. Ihre Kräfte, dieser Sehnsucht zu folgen, hingegen schon. Wir hofften erneut, sie überreden zu können, zu uns aufs Land zu ziehen, wo sie ihren Lebensabend verbringen, ihren Sehnsüchten, Wünschen hätte folgen können. Allerdings die Einsicht, daß dieser Entschluß in zunehmender Ermangelung der eigenen Kräfte nicht der Schlechteste gewesen wäre, fehlte ihr noch.

Seit Jahren probierten wir, sie von Zeit zu Zeit daran zu erinnern - ohne Erfolg. Sie war in der Stadt zu Hause und wollte dort bleiben. Eine eigenständige Alltagsbewältigung wurde für sie zunehmend schwieriger. Ihre Fähigkeiten, den eigenen Haushalt zu führen, selbstständig Ausflüge und Einkäufe zu machen, nahmen ab. Fehlhandlungen, Vergeßlichkeiten, Schwindelanfälle und ein körperliches Getriebensein nahmen statt dessen zu.

Clevere Versicherungsvertreter hätten längst ein Schnäppchen schlagen können, wenn sie meine Mutti, ihre Wohnung und die restlichen Hausbewohner wegen "Wohnen in besonderer Gefahrenzone!" versichert hätten - nicht nur einmal vergaß sie den Gashahn zu schließen. Beim Schlüsseldienst hätte sie Rabatte beantragen können, weil sie wieder und wieder überrascht und empört ohne Schlüssel vor ihrer Wohnungstür stand. Trotzdem ließ sie sich lange Zeit keines Besseren belehren. Sie glänzte mit Sturheit, wir mit Naivität.

Die ärztliche Diagnose "senile Altersdemenz" kam nicht unverhofft, stellte uns trotzdem vor viele Fragen. Lange konnten wir verdrängen, daß sich ihr Zustand so verschlechtert hatte, ihr für gewöhnlich gutes Gedächtnis so nachzulassen schien. Wir wunderten uns nur, welch eigenartige Geschichten sie zu erzählen begann.

Sie berichtete detailgetreu und sehr gefühlsgeladen, daß Fremde, besonders Nachbars Sohn, mit dem sie auf Kriegsfuß stand, in ihrer Wohnung zu allen möglichen und unmöglichen Zeiten ein- und auszugehen pflegten - sich mit nachgemachten Schlüsseln, über den

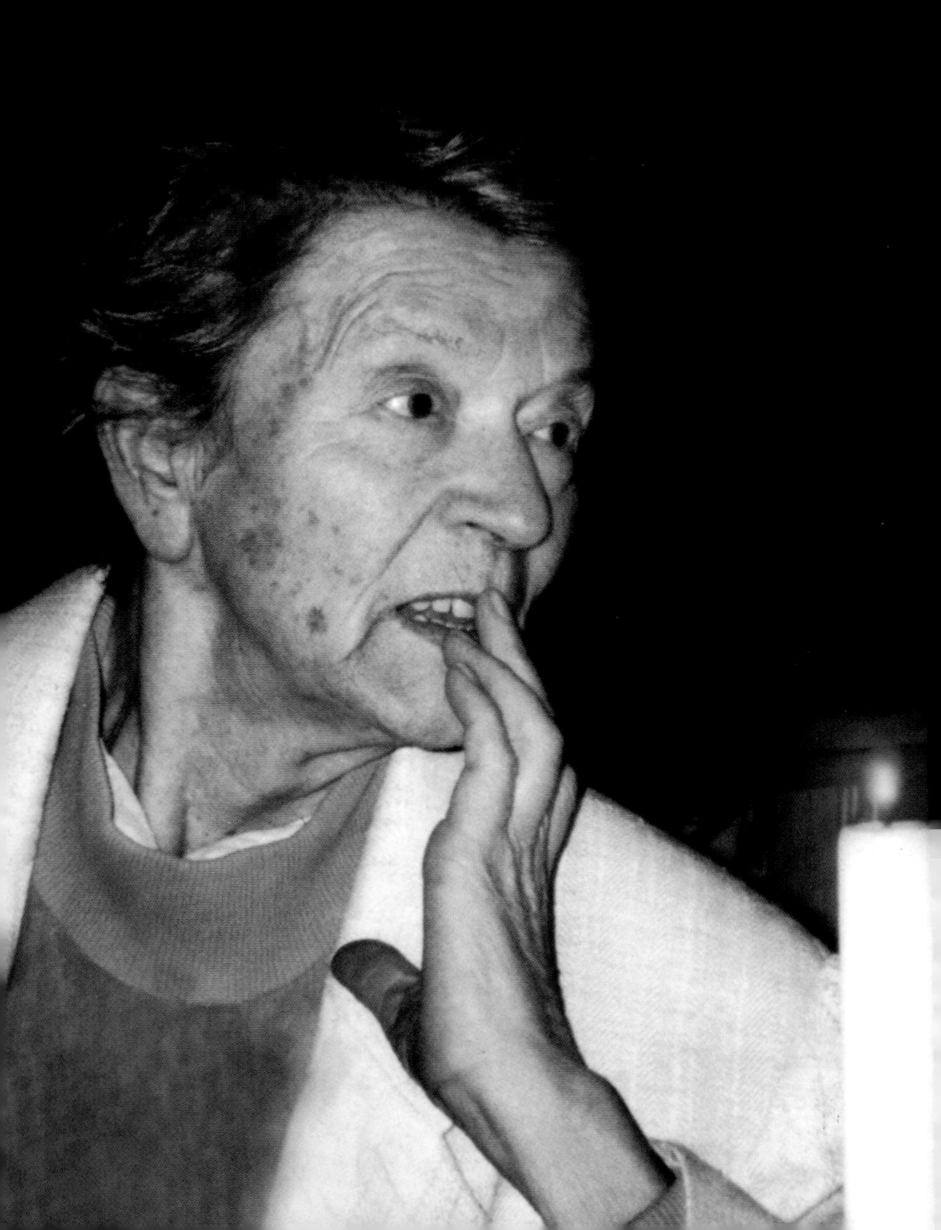

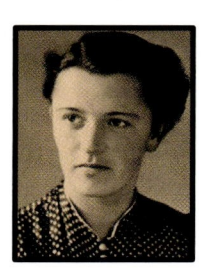

Balkon, durchs Fenster Zugang zur Wohnung verschafften. Ihrer Meinung nach nahmen sie nicht nur, was sie brauchten, sie ließen sogar Dinge zurück - Brillen, Geld, Schlüssel, Topflappen, Schürzen, Prothesenreiniger. Nicht nur einmal läutete sie empört an der Tür der Nachbarin, ließ gehörig Luft ab, erfuhr eine entsprechende Abfuhr, beschwerte sich fürchterlich bei uns und klopfte erneut mit dem Besenstil gegen die Wand. Wir zerbrachen uns den Kopf über ihre Geschichten, versuchten sie zu entwirren. Gleichzeitig glaubten wir, ihre Ängste zerstreuen, sie selbst beruhigen zu müssen. Manche Erzählungen nahmen wir wohl auch nicht allzu ernst. Bis eines Tages ein Anruf von ihrer Nachbarin kam und die unbeschönigte Realität erbarmungslos über uns hereinbrach. Sie ließ letztendlich das vor uns treten, was wir schon erahnt und erwartet hatten: Wir mußten handeln, eine Entscheidung treffen. Es gab keinen Aufschub mehr, sie konnte nicht mehr alleine leben! Ich fühlte mich hilflos, war wie gelähmt. Fassungslos registrierte ich, daß sich eine unendliche Ohnmacht und Müdigkeit in mir auszubreiten begann.

Zu lange hatten wir gebraucht, uns klar zu machen, was mit und in ihr vorging! Zum Glück verlief alles glimpflich, ihr Schutzengel hatte ein waches Auge.

Und dann war er da - der langersehnte Augenblick! Meine Mutti hatte sich entschieden, zu kommen. Sie begann Hand anzulegen, diverse Hutschachteln zu packen, Unmengen von Schuhpaketen zu schnüren und zog mit "Sack und Pack" zu uns aufs Land. Wir hatten eine erste harte Nuß geknackt.

Nun war die zweite fällig. Meine Mutti kam mit vielen Bedenken dem Landleben gegenüber, vielen Vorstellungen über zeit- und unzeitgemäßes Wohnen und Leben. Es gab ihrer Meinung nach doch allzu viele "ruhestörende" Tiere bei uns, wie krähende Hähne, bellende Hunde, schreiende Katzen. Diese wechselten sich ab mit ratternden Traktoren, Mähdreschern und Landmaschinen.
Doch ihre ersten zaghaften, von viel Mißtrauen begleiteten Versuche, sich dem "ländlich-zurückgebliebenen" Menschenschlag zu nähern, waren zu ihrer und unserer Zufriedenheit verlaufen. Sie spazierte zum Kaufmann, der ihr freundlich die Tasche mit der heißbegehrten Schokolade, den Lieblingskeksen oder einer Flasche Eierlikör füllte. Sie kam mit einem

... und der Albe
mit den Kinde

Schmunzeln auf dem Gesicht wieder. Es gab keine Notwendigkeit mehr, mit hoch erhobenem Haupte über das Kopfsteinpflaster zu flanieren. Ihre Spaziergänge wiederholten sich. Ausgestattet mit sorgsam ausgewählter, aufeinander abgestimmter heller "Nachmittagsausgehgarderobe", Hut, Schirm und Tasche, traf sie desöfteren auf verwunderte, aber zuvorkommende, ländlich-herzliche Mitbewohner. Nach einer ausgedehnten Bummelei entfiel ihr oft, wo sie herkam und wo sie hingehörte. Jedoch auf die neugierige, kleine Dorfgemeinschaft war Verlaß - sie wußte, wo die "schicke Oma" abzugeben war. Meine Mutti hatte ihren Spaß, wenn die Kavaliere sie mit einem Scherz auf den Lippen nach Hause geleiteten. Ab und an mußten auch unsere Kinder ausschwärmen, ihre verloren gegangene Oma zu suchen.

Trotzdem blieb es für sie schwierig, natürliche, unkomplizierte Kontakte herzustellen. Ihr reichte der Blick über den Gartenzaun.

Die geliebte Sonnenbank vor dem Haus, ihr tagtäglicher Besuch bei den Johannisbeerbüschen oder das Gespräch mit den Tieren vermochten es nicht, sie darüber hinweg zu trösten, daß die geliebten Einkaufsbummeleien, die Kaffeehausbesuche seltener wurden. Sie vermißte die gewohnte kulturvoll-gepflegte Atmosphäre. Bei uns ging es derber, zwangloser, offener, mitunter ungestüm und laut zu. Es war ungewohnt für sie.

Trotzdem war es weniger kompliziert, sie in unseren Alltag von Büroarbeit, Familie mit 4 Kindern und vielen Tieren einzugliedern, als wir angenommen hatten. Für uns alle gab es grundsätzliche Neuorientierungen. Absprachen waren unumgänglicher denn je geworden, um alles weiterhin unter einen Hut zu bekommen. Räumliche Veränderungen standen an, Verantwortungen mußten umverteilt, eigene Bedürftigkeiten ein Stück weit zurückgestellt werden.

Ansonsten war die Oma ein ruhiger, recht lebenslustiger Mitbewohner, meist zufrieden mit geregelten Mahlzeiten, ihrer Flasche Eierlikör und der Alberei mit den Kindern. Sie überraschte uns immer wieder mit ihrer genauen Beobachtungsgabe, sah sehr wohl, wenn ihre Schüssel mit Pudding nicht so voll war, wie die der Kinder, jemand anderes die Scheibe Brot angefaßt hatte, die sie gerne nehmen wollte.

Sie war zu dieser Zeit auch körperlich noch äußerst beweglich, keinen Augenblick konnte sie allein gelassen werden - dann war sie weg. Im Sommer galt es, für die 2 Wochen unserer

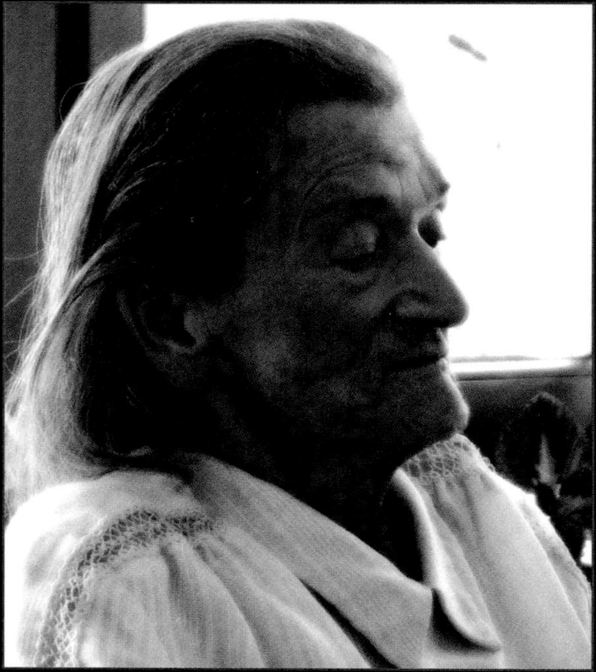

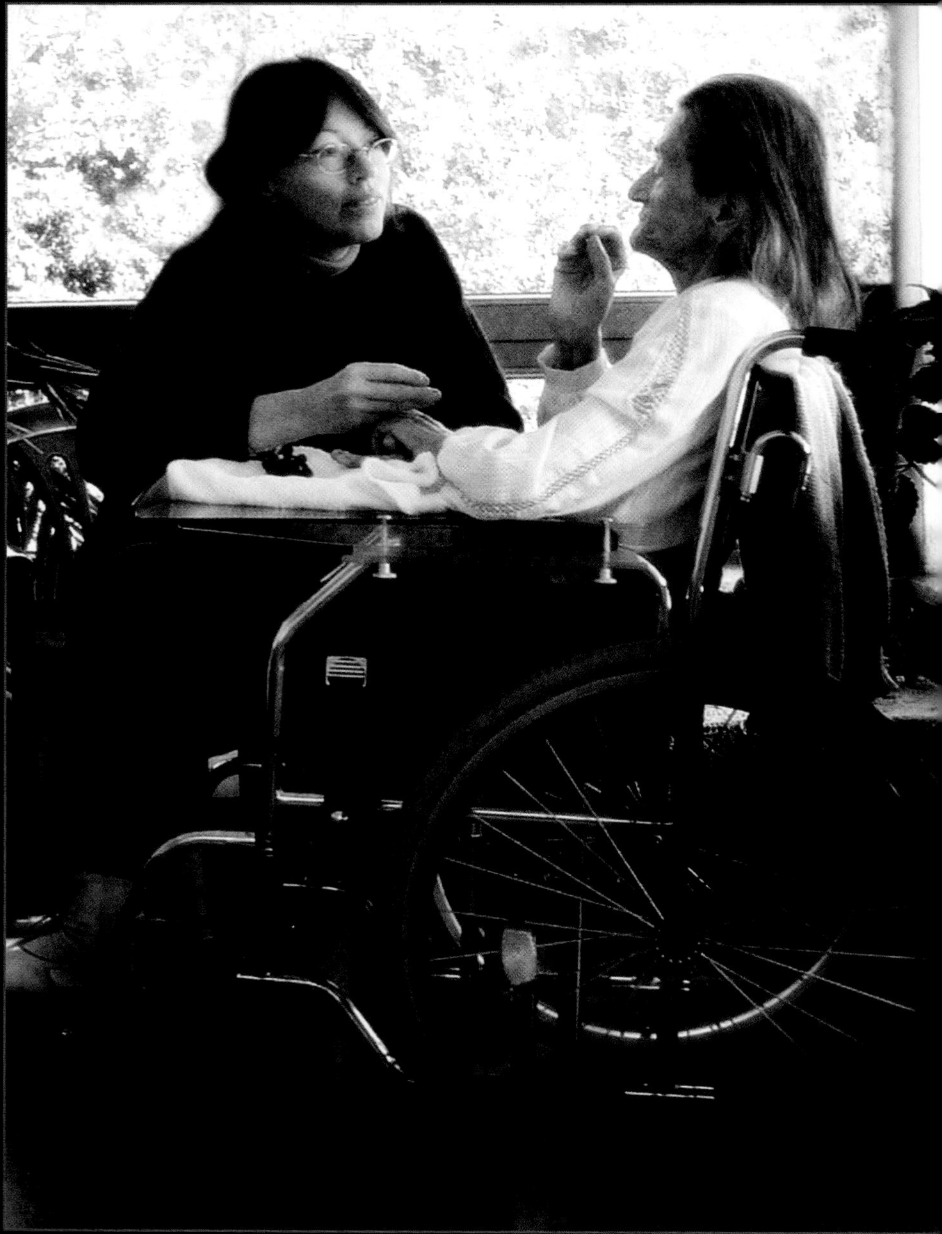

Abwesenheit eine möglichst zuverlässige Betreuungsperson zu finden. Unser damals 15-jähriger Sohn erklärte sich bereit, zu Hause zu bleiben, für die Oma zu sorgen, sie zu behüten. Wir fanden sie nach unserer Rückkehr wohlbehalten und freudig wieder.

Drei Jahre wohnte sie bei uns, bis sie im Alter von 87 Jahren verstarb. Während dieser Zeit mußten wir die Beziehung zwischen uns, zwischen Mutter und Tochter neu definieren.
Viele Verhaltensmuster waren in all den Jahren unverändert geblieben, obwohl unser Verhältnis sich schon vor Jahrzehnten zu einem Freundinnenmiteinander entwickelt hatte. Ich war sauer und irritiert, wenn sie mich immer noch in aller Eindeutigkeit spüren ließ, daß sie die Mutter und ich die Tochter war. Es gab Situationen, in denen ich weiterhin daran erinnert wurde, was ihrer Meinung nach und vor allem der Etikette gemäß, getan und gelassen werden sollte. Sie wies mich sehr energisch zurecht, wenn ihr etwas nicht gefiel. Ich war Luft für sie, wenn sie beleidigt war oder mein Bruder kam. Für mich taten sich alte Wunden auf. Verinnerlichte Muster unserer sensiblen Beziehung waren Anlaß genug, sie spüren zu lassen, daß sich längst etwas verändert hatte - ich war wütend und schämte mich zugleich dafür.

Ich trug ein "Mutterbild" in mir, das der Frau, die nun wieder mit und neben mir lebte, nicht mehr entsprach. All die Jahre meiner Kindheit und Jugend hatte ich sie aus verschiedenen Blickwinkeln wahrgenommen. Wer war sie wirklich? Erinnerungen wurden wach, Zwiespälte taten sich auf, viele Abgründe wollten durchschritten werden. Die schmerzvolle "Ent-täuschung" war Bestandteil meiner Auseinandersetzung mit ihr. Ich mußte akzeptieren, daß sie zwar meine Mutter, aber trotzdem eine eigenständige Person war, ihre eigene Biographie hatte. Innerhalb ihres Lebens nahm die Zeit mit mir "nur" einen Bruchteil ein. Was war davor, was danach? Sie hatte sich mir selten zu erkennen gegeben. Ich hatte mir ein Bild gemacht. Es löste sich auf - für mich schmerzhaft und desillusionierend. Sie konnte mich nicht mehr in den Arm nehmen, mich trösten. Ihre Welt war woanders. Im Gegenteil, auch sie hätte es nötig gehabt, gestreichelt und gehalten zu werden. Wie wenig aber war ich dazu fähig! Unsicherheit und Verzweiflung begleiteten mich - im Umgang mit der Krankheit als auch mit einer unbekannten Seite von ihr, mit ihrer veränderten Persönlichkeit.

Es wurde nicht nur Zeit, meiner Mutti auf eine verwandelte Art neu zu begegnen, sondern auch in mir selbst Klarheit zu schaffen, die Grenze zwischen mir und ihr zu ziehen. Erst in dieser Distanz würde es mir möglich werden, sie zu pflegen, ohne unsere persönliche Beziehung zu gefährden, moralischen Verstrickungen zu unterliegen.

Es war nicht immer einfach, Rücksicht zu nehmen, ich mußte auch mich selbst schützen. So manches Mal fühlte ich mich überlastet - einer Kapitulation nahe. Ihre Bedürfnisse hatten immer höchste Priorität, wollten sofort befriedigt werden, duldeten keinen Aufschub. Besonders kräftezehrend waren die Wochen, als sie keinen natürlichen Tag-Nacht-Rhythmus mehr verspürte. Sie stand mitten in der Nacht auf, fragte nach dem Frühstück, ließ sich willig wieder ins Bett bringen, hatte Augenblicke später meine Erklärungen vergessen und erschien erneut. Es gab viele Phasen des Entnervtseins und der Verzweiflung. Ihre Verwirrung nahm zu.

Irgendwann aber unterlag sie dem inneren Druck. Sie öffnete sich, konnte loslassen und abgeben, die Lasten, an denen sie schwer getragen hatte: der frühe Tod ihrer einzigen Schwester, kurz darauf der ihrer Mutter. Es mag für sie befreiend und befremdlich zugleich gewesen sein. Es war endlich die Gelegenheit gekommen, da sie in aller Stille, scheinbar unbeobachtet und ungeniert, den Finger in den Suppentopf stecken konnte, um genüßlichst zu schleckern. Sie schaffte es nun auch, sich mit eindeutigen Schimpfworten Luft zu machen, ihrem Frust Ausdruck zu verleihen. Und sie bekam die einmalige Chance, den 3 Frauen, denen sie sich am innigsten verbunden fühlte, in einer zu begegnen: Ich war gleichzeitig "Mutti", Schwester "Erika" und Tochter "Petra". Welch ein Geschenk, welche Faszination! Komik und Tragik lagen dabei dicht nebeneinander, ließen mir die Tränen in die Augen treten, wenn sie nach mir rief, um mir zu erklären, daß sie nicht mich suchte, sondern ihre kleine "Petra". Sie wüßte sehr wohl, verriet sie mir, daß ich ihre "Petra" bin, aber sie wünschte doch, die kleine zu sehen. Vergangenheit und Gegenwart waren für sie eins geworden.

Eines Morgens hatte sie gesehen, wie unsere Kinder ihre Mappen nahmen, um in die Schule zu fahren. Sie rief nach ihnen und äußerte den Wunsch, mitgenommen zu werden. Die Kinder sollten noch warten, bis auch sie ihre Schulmappe geholt hätte.

Erst jetzt, Jahre nach ihrem Tod, wird mir bewußt, wie lebendig und intensiv die kleinen Augenblicke zwischendurch in meiner Erinnerung geblieben sind, wie sie mich tragen, wie wichtig sie mir, uns geworden sind. Besonders die Momente bleiben unvergessen, als ich wahrnahm, daß sie endlich über ihren eigenen Schatten zu springen vermochte, sich fern jeglicher Konvention und Norm, die sie ein Leben lang gefangen hielten, ihren schwachen Seiten hingeben konnte.

Ihren Sehnsüchten, ihren Gefühlen ist sie näher gekommen als je zuvor, sie konnte sie einfach zulassen.

Sie ist den Menschen wieder begegnet, zu denen sie die intensivste Beziehung ihres Lebens hatte. Sie stellte mir in stillen Stunden die Liebe ihres Lebens und den Vater ihres ungeborenen Kindes vor - einen russischer Offizier, der nach Kriegsende in die Wohnung ihrer Eltern einquartiert worden war. Er hatte seine Familie während des Krieges verloren, sich in meine Mutti verliebt. Sie hatte ihn auch in ihr Herz geschlossen, vermochte aber nicht, der Bitte, ihn in seine Heimat zu begleiten, nachzukommen. Ihren Schmerz, ihre ungelebte Liebe verbarg sie damals tief in ihrem Innersten. Nun endlich konnte sie Abschied nehmen. Sie folgte dem Fluss ihrer Erinnerungen, ihrer Gefühle. Sie schloss Frieden mit sich.

Was für mich bleibt, sind Erinnerungen an berührende Augenblicke. Geflochten zu einem Lebenskranz, enthalten sie auch das Vermächtnis der Mütter vor uns. Durch sie habe ich erfahren, wo ich zu Hause bin, habe mich verwurzeln und verbinden können, mich orientieren an dem, was mir hinterlassen wurde. Es ist ein Geflecht aus Erinnerungen, Geschichten und Bildern, die sich zusammensetzen aus unzähligen, gemeinsamen Tagen voll Freude und Kummer, aus Erfahrungen der Täuschung und Enttäuschung. Es ist ein Leben aus der Einmaligkeit unserer Beziehung heraus.

Wenn ich an die kleinen Augenblicke denke, die sich in mein Gedächtnis eingraviert haben, die alles enthalten, was Leben sein kann, auschließlich für uns bestimmt, vermag ich nicht zu definieren, was Wirklichkeit war, was normal und was verrückt ist.

Mit Sicherheit kann ich nur einen Teil von dem erahnen, was in den letzten Jahren in meiner Mutti vorgegangen ist.

Voller Rätsel bleibt, was im Verborgenen lebt, sich mir nicht, noch nicht oder zum Glück nie erschließen wird! Nur eine Ahnung umgibt sie, diese nie zu ergründende Wirklichkeit. Träume könnten die Wegweiser dahin sein!

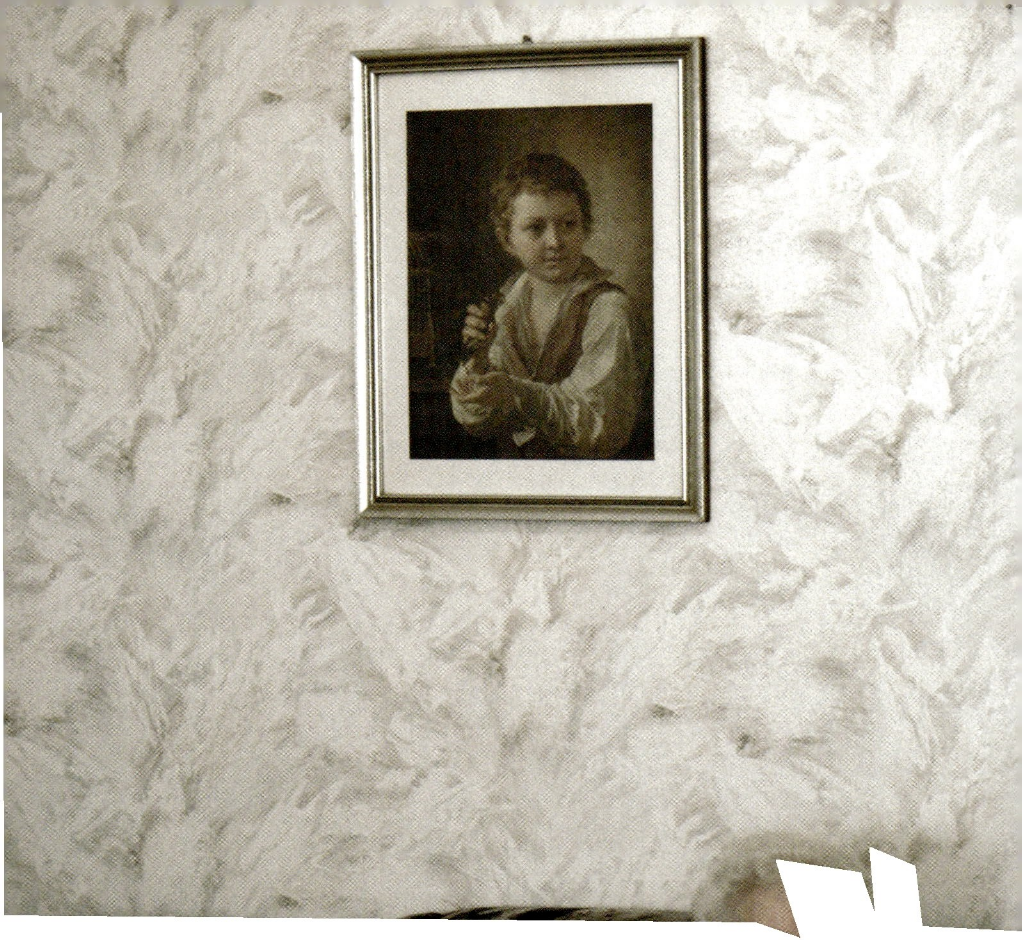

BEGEGNUNGEN IN TAGESSTÄTTEN

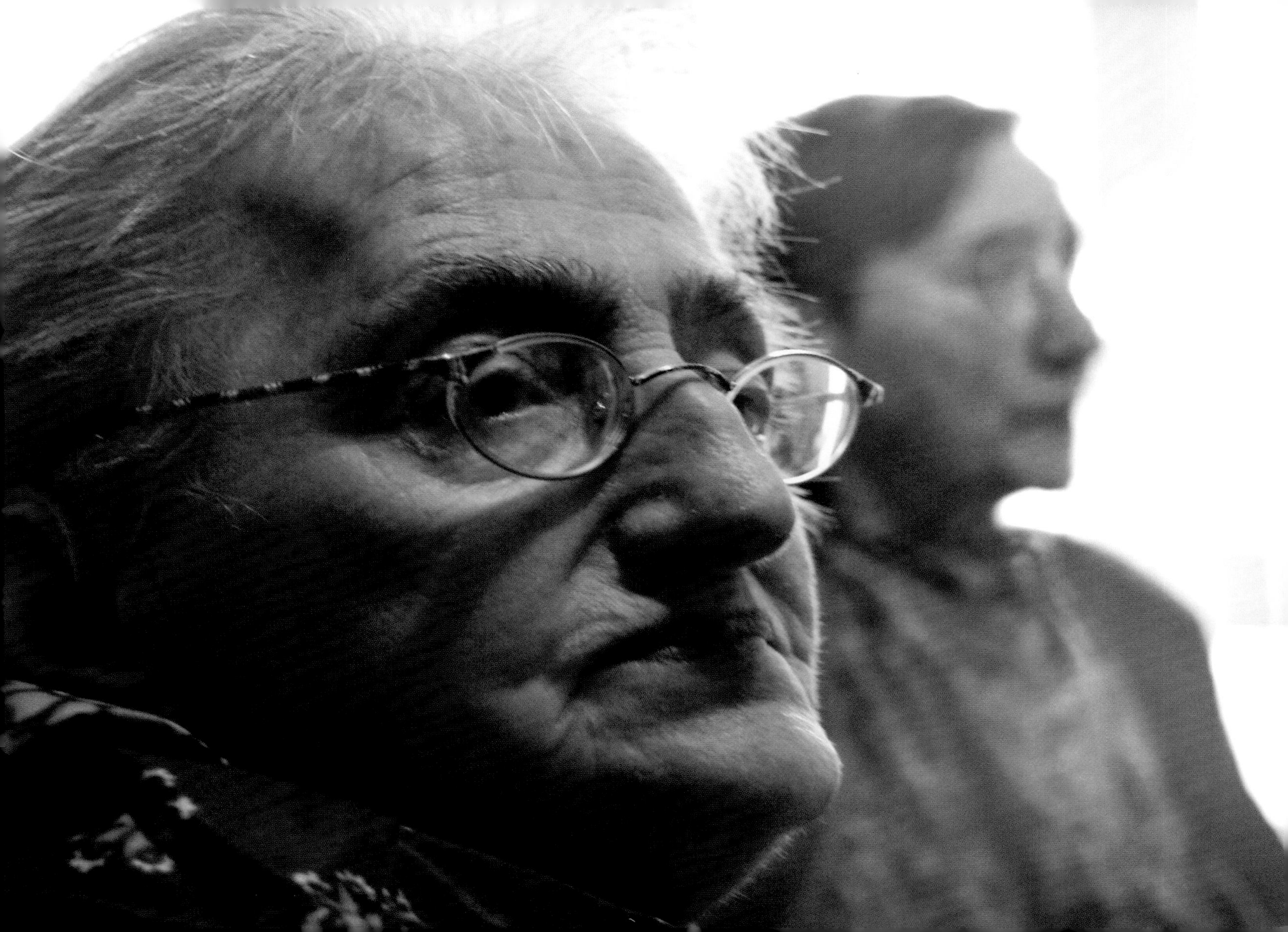

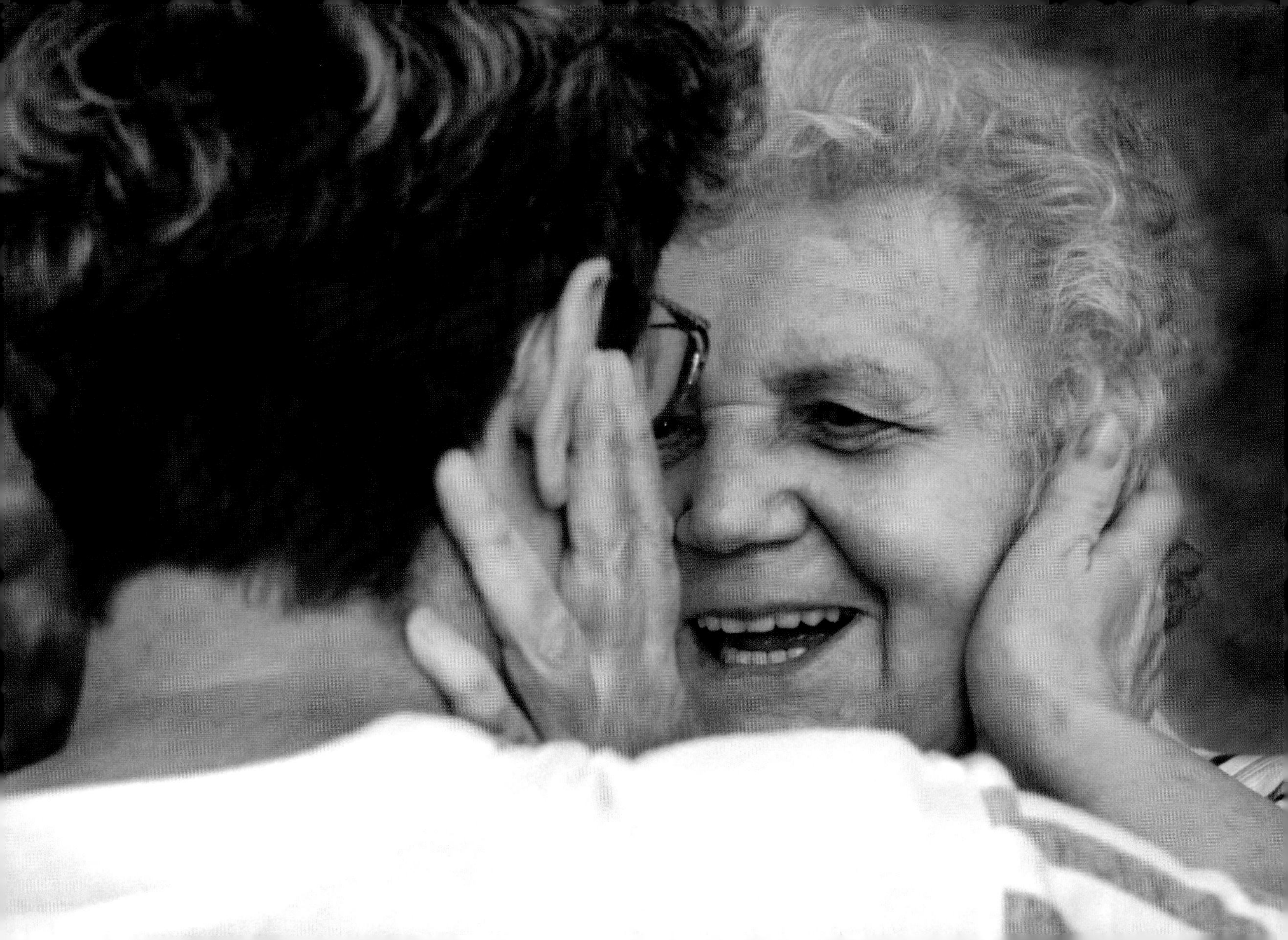

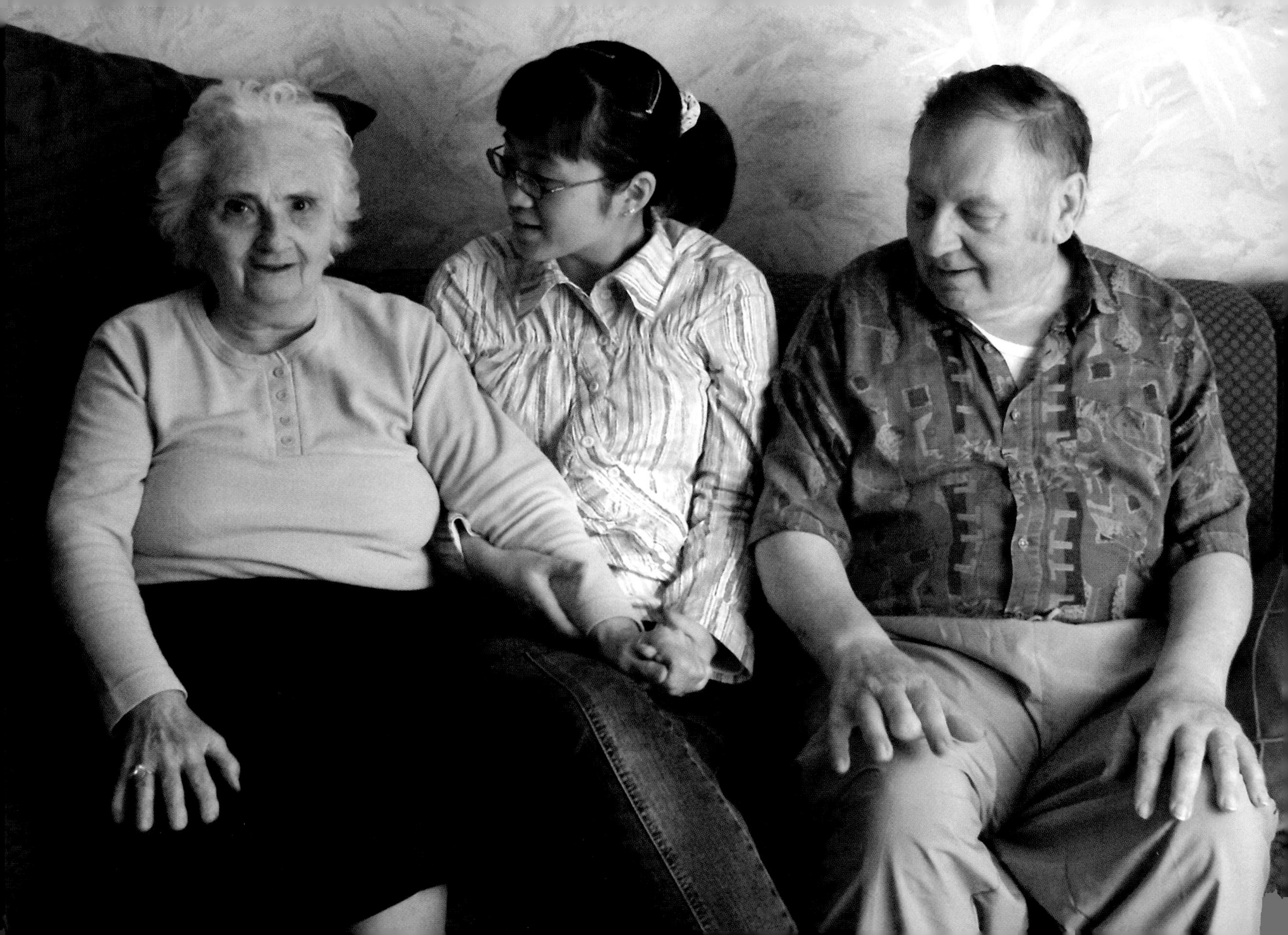

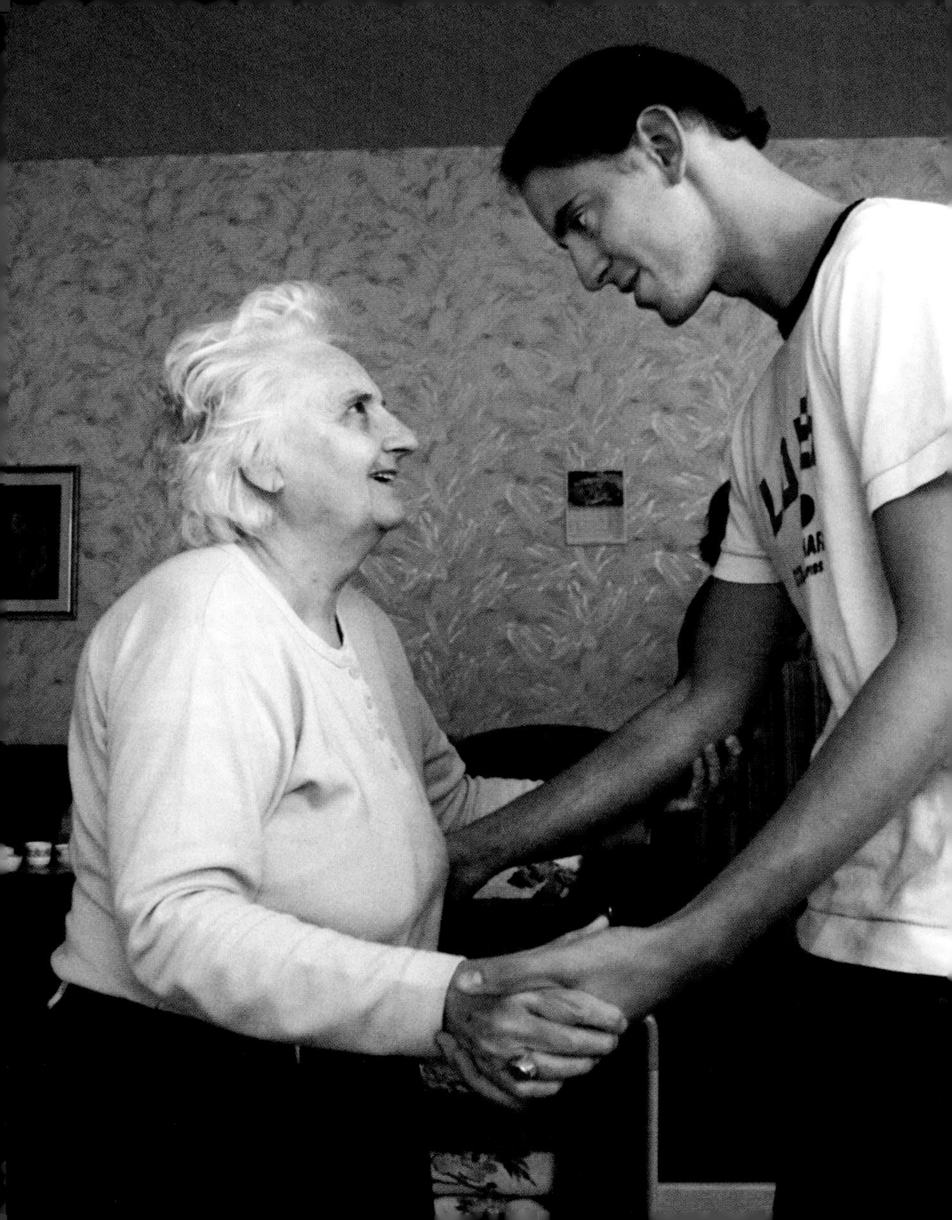

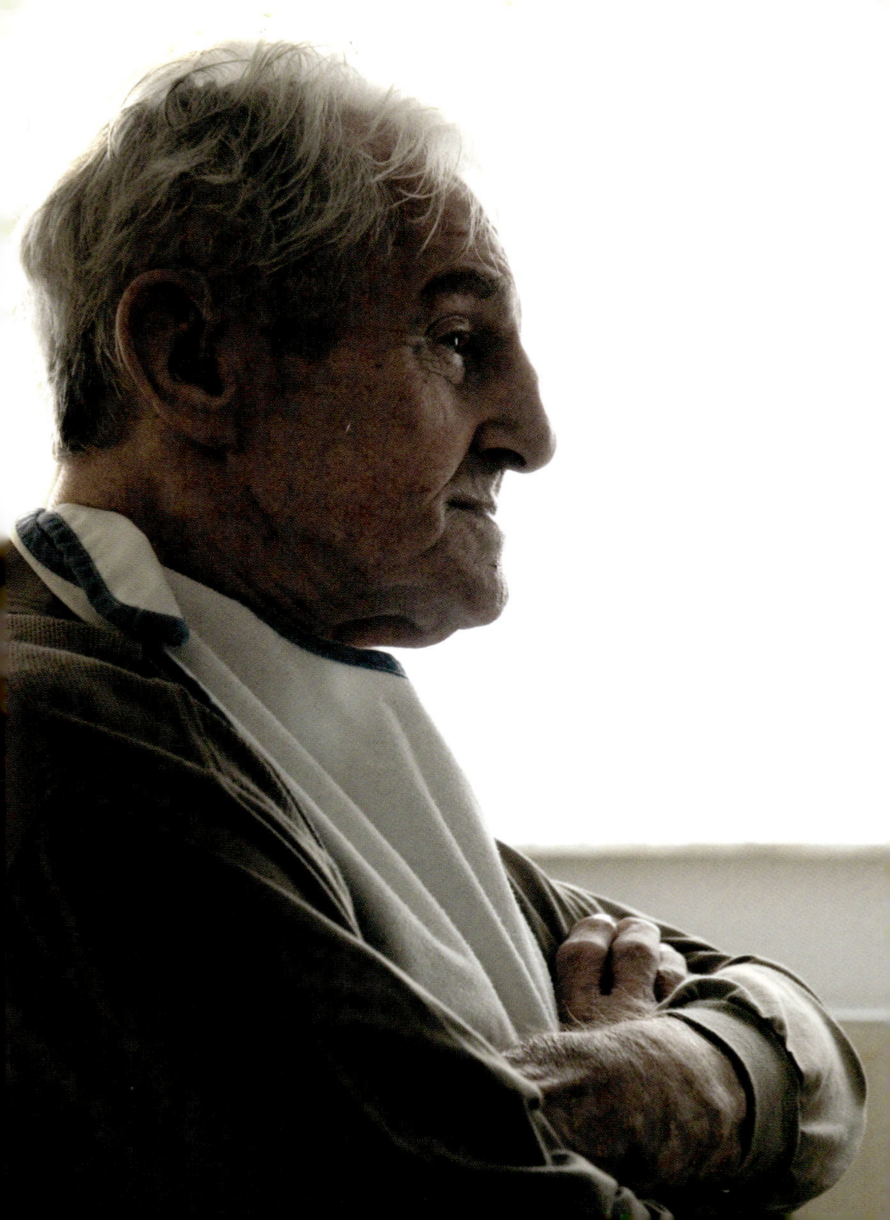

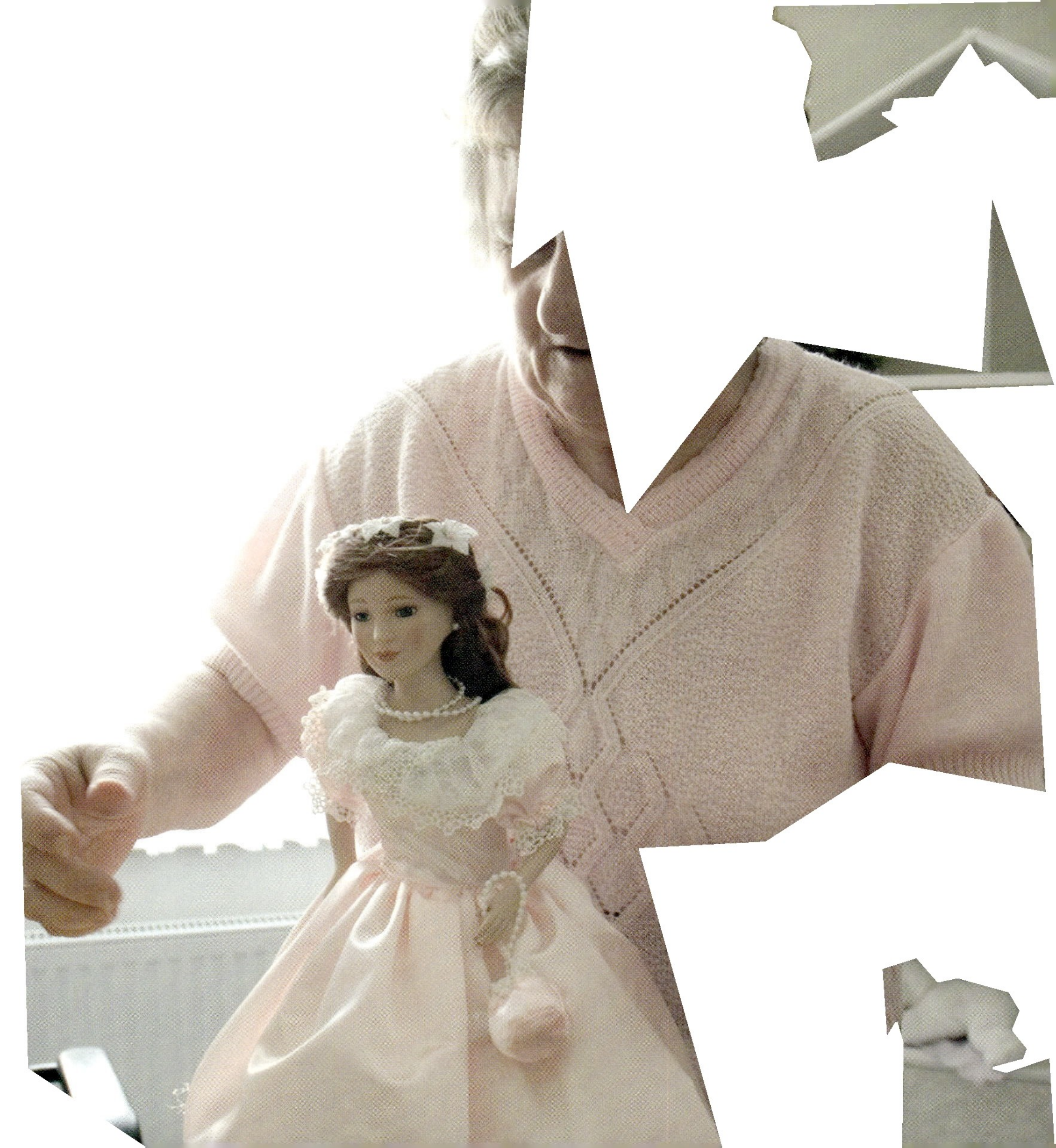

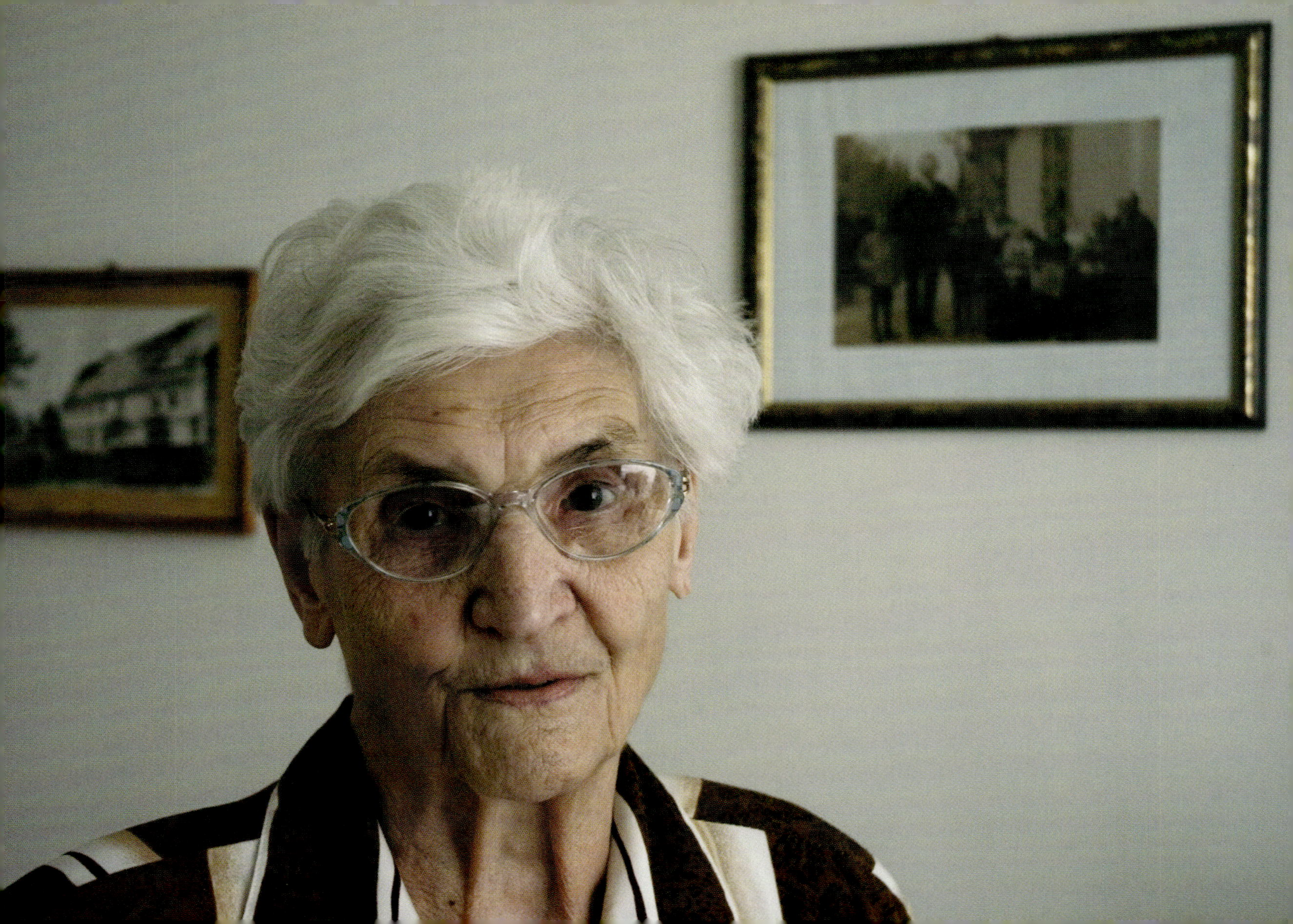

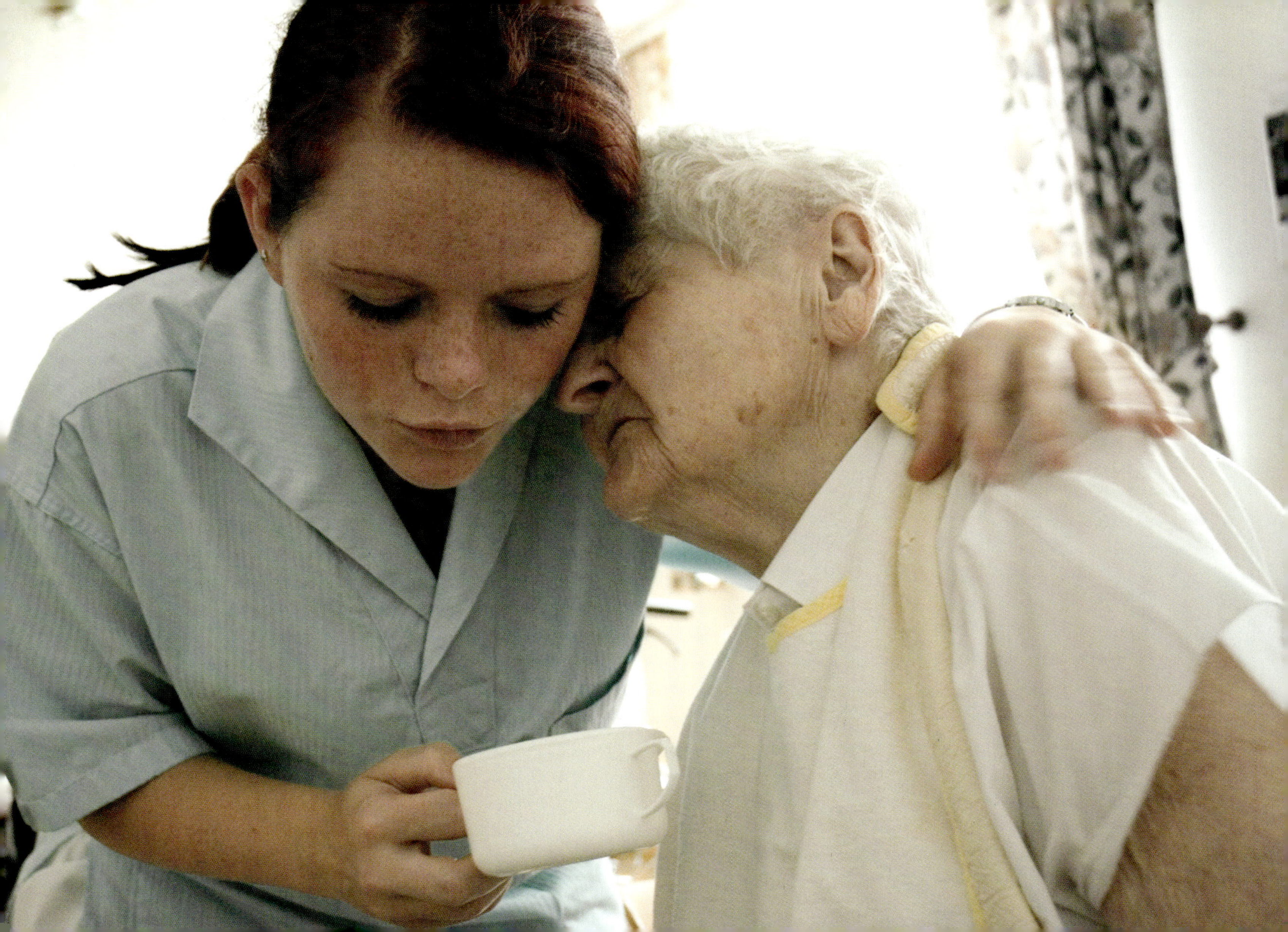

DANK

Meiner Mutti, den einzigartigen porträtierten Menschen und ihren Angehörigen für ihre Offenheit, für ihre Auseinandersetzung, die sie mit uns führten.

Dem Mathilde-Tholuck-Haus des Diakoniewerkes Halle.

Dem Heidehof der Stiftung Schönholzer Heide, Berlin-Pankow.

Den Wohngemeinschaften Hauskrankenpflege Berlin-Mitte.

Der Tagesstätte der Alzheimer Gesellschaft S-A, Magdeburg.

Der Wohngemeinschaft Altenpflege Lehrter Straße, Berlin.

Allen, die uns in unserer Arbeit unterstützten, uns viele Stunden ihre Aufmerksamkeit schenkten und es verstanden, uns immer wieder Mut zu machen.

Klein Rodensleben, im langen Winter 2006

Petra und Michael Uhlmann

Dieses Buch erscheint mit freundlicher Unterstützung von:
Weleda AG
Janssen-Cilag GmbH
BHF-Bank-Stiftung
Hannoversche Kassen.

Die Ausstellung zum Buch

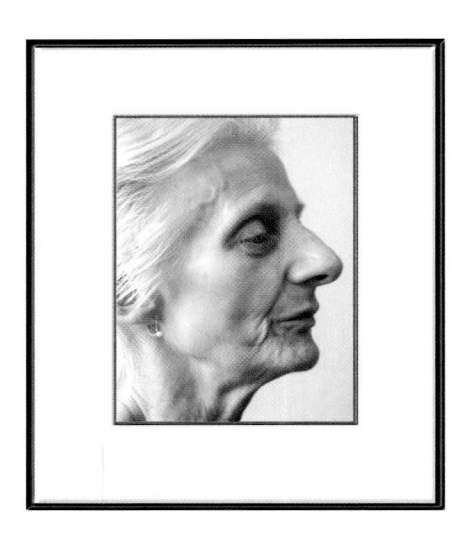

Wir möchten uns mit dieser sensiblen Sicht auf nahestehende Menschen an eine breite Öffenlichkeit wenden, suchen Orte und Anlässe, um mit unseren Arbeiten etwas zu bewegen, Mut zu machen, Hoffnung zu geben. So ist ein umfangreiches Ausstellungskonzept entstanden, Photographien und Texte konnten in verschiedenen Städten Deutschlands und Österreichs in Galerien und Einrichtungen zu unterschiedlichen Anlässen gezeigt werden. Vielleicht besteht auch bei Ihnen Interesse an dieser Ausstellung, um sie zum Anlaß zu nehmen, sich näher mit dem Thema Demenz zu beschäftigen?

45 Photographien (überwiegend SW-Porträts sowie drei farbige Bildgeschichten), 8 Zeichnungen „Dement-Art" von Betroffenen sowie 12 Biografietafeln stehen zur Verfügung. Die Rahmengrößen bewegen sich zwischen 30 x 40 cm und 50 x 70 cm. Die Ausstellung läßt sich gliedern, verteilt hängen (auch Treppenhäuser eignen sich meist hervorragend dazu), bei begrenztem Platzangebot ist eine Reduzierung des Umfanges möglich, ohne die Konzeption zu beeinträchtigen.

PHOTOGRAPHIE-EDITION:
Einige der Bilder können als FINE-ART-PIGMENTDRUCK auf Hahnemühle-PhotoRag bzw. Hahnemühle-Echt-Bütten-Aquarellpapier, Passepartout, Rahmen bis 40 x 60 cm, limitiert und signiert, bestellt werden.

Kontakt:
edition uhlensee,
c/o Petra und Michael Uhlmann,
email: post@uhlensee.de
www.edition.uhlensee.de

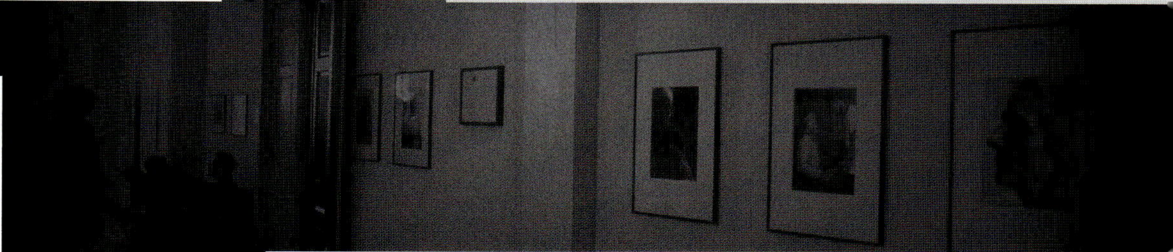

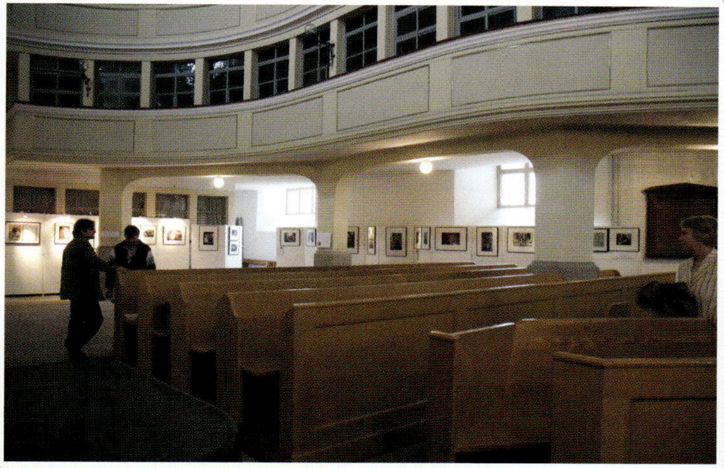

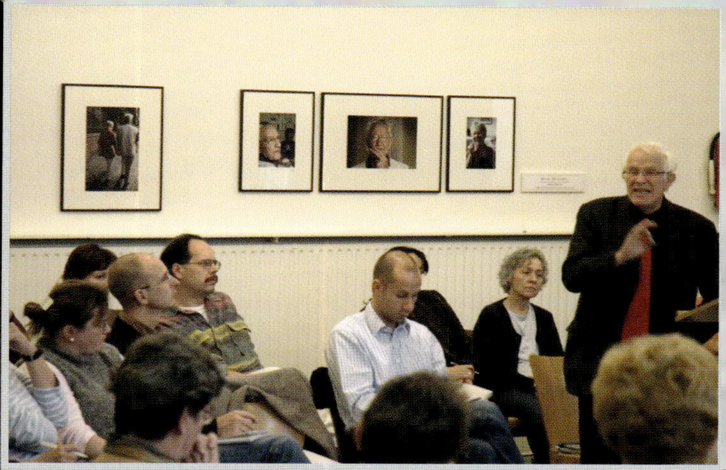

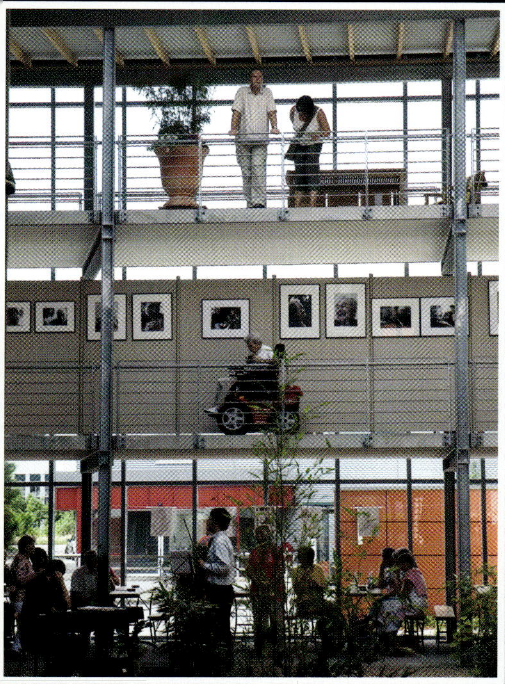

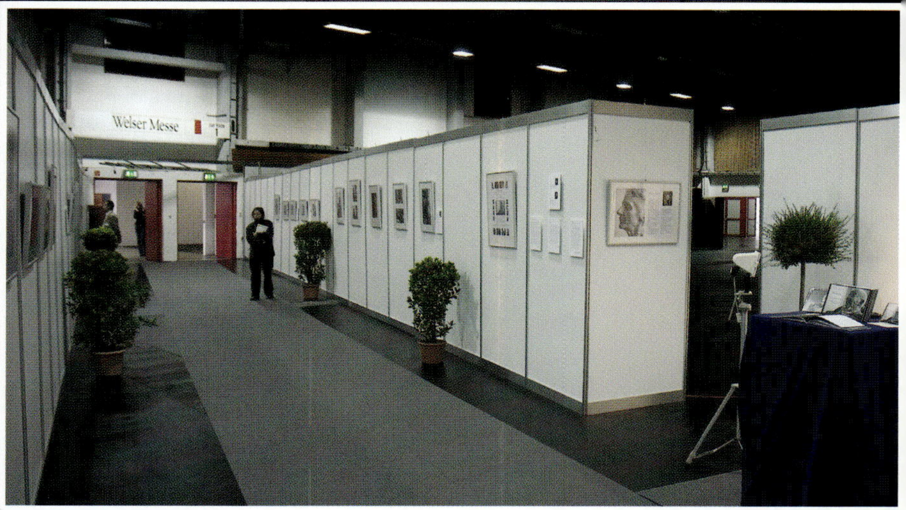
Welser Messe

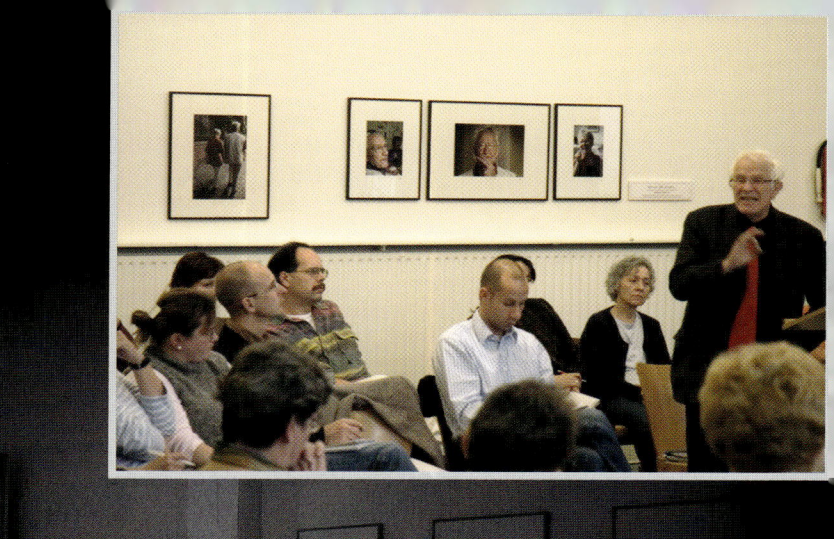

Die Autoren

Petra Uhlmann

geboren 1956 in Binz/Rügen
aufgewachsen in Schwedt und Magdeburg
Studium der Architektur, der Baubiologie und der Astrologie
Mutter von vier Kindern
Freiberufliche Tätigkeiten als Architektin, Dozentin, Autorin und Beraterin

Michael Uhlmann

geboren 1958 als Sohn einer Musikerfamilie
aufgewachsen in Magdeburg
Studium der Kybernetik
Tätigkeiten in Forschung, Bauwesen und der technischen Physik
Ausbildung und Tätigkeit als Familienpädagoge und Waldorflehrer
beschäftigt sich seit 1975 mit Fotografie
seit 2003 als Freier Fotograf tätig

Beide leben und arbeiten seit 1995 auf einem ehemaligen Vierseithof
mit ihren Kindern und vielen Tieren in der Magdeburger Börde.